KB263476

이토록 다정한
대만이라니

이토록 다정한 대만이라니

이수지(리슈) 지음

숨겨진 매력을 찾아 떠난 17번의 대만 여행, 그리고 사람 이야기

푸른향기

대만 TAIWAN
진먼
타오위안
타이베이
신베이
신주시
이란
타이중
난터우
화렌
자이시
자이현
타이난
가오슝
타이동
뤼다오
핑둥
샤오리우치우

여름날의 온기를 찾아서

　여름과 겨울 사이, 급격하게 떨어진 체감온도는 이리저리 엄살을 피우기에 적당한 핑곗거리였다. 여름 내내 검게 그을린 피부를 두툼한 외투로 감싼 뒤에야 외출이 가능했고, 이불 밑이 따끈하게 달궈진 뒤에야 마음 편히 잠을 청할 수 있었다. 따뜻하다 못해 더워지고 싶어 안간힘을 쓰는 11월이었다. 이날도 여전했다. 녹아내려도 좋으니 따뜻한 나라에 가고 싶다는 생각만이 머릿속을 가득 메우고 있었다. 바로 그때 자주 이용하는 소셜커머스에서 특가 메일을 보내왔다.

　대만이라니, 기가 막힌 타깃 광고였다. 덤으로 따라온 만원 상당의 할인쿠폰은 구매를 부추겼다. 이 매력적인 제안을 거절할 이유가 없던 나는 출국 일주일을 앞두고 항공권을 구매하고 말았다. 대만에 가서 무언가를 꼭 해보겠다는 특별한 기대 같은 건 없었다. 101타워라는 랜드마크가 있다는 것도, 버블티가 유명하다는 것도, 대히트 영화 「말할 수 없는 비밀」의 촬영지라는 것도 모두 나중에 알았을 만큼 그곳에 대해 무지했다. 어디서 주워들었는지 모를 "대만은 더워"라는 한마디에 꽂혀 무모하고 용감한 여행을 저질렀다. 국제선 항공편을 한 번도 타본 적 없는 겁 많고 소심한 시골 소녀가 어디 붙어있는지조차 모르는 나라로 가는 새벽 비행기에 몸을 싣겠다고 나선 것이다.

　한국의 추위는 얼어붙은 몸과 마음을 미지의 세계로 떠밀 만큼 매서웠다. 발등에 불이 떨어진 채로 남은 일주일 동안 「꽃보다 할배 대만 편」을 정주행했다. 여행 가이드북을 정독하며 대만과 관련된 정보를 닥치는 대로 읽고 스크랩했다. 아는 중국어라곤 '니하오'와 '씨에씨에'가 전부였다. 영어도 초등학생 수준에 머물러 있었기에, 통역 애플리케이션 하나에 모든 것을 맡겨야 했다.

이때만 해도 지금처럼 여행하겠다고 1년에 몇 차례씩 공항을 오가는 사람은 많지 않았다. 20대 초중반이라면 어쩌다 한 번 생기는 출국 기회에 저마다 특별하거나 멋진 사연을 덧붙이는 경우가 많았다. 내게는 자아를 찾는다거나, 쉼 없이 달려온 삶에 휴식을 주겠다는 거창한 이유 같은 건 없었다. 단지 추위에서 도망치고 싶은 약간은 사소한 불편함에서 비롯된 첫 번째 대만 여행이 이렇게 막을 열었다. 그랬기에 이 작은 바람이 17차례의 거대한 강풍이 되어 돌아오리라곤 예상할 수 없었다.

처음에는 그저 따뜻한 기후에 이끌려 찾은 곳이었다. 하지만 그곳에서 이보다 더 따뜻한 온기를 가진 사람들을 만나게 되었다. 그들과 나눈 웃음과 작은 배려들이 마음속 깊이 남았다. 그 기억 덕분에 지난 10년간 대만을 끊임없이 찾게 되었다. 단기 여행뿐만 아니라 워킹홀리데이, 두 달 살이를 하며 대만 전역을 구석구석 누볐다. 좋은 것을 같이 나누고 싶어 때로는 내가 사랑하는 사람들을 데리고 가기도 했다.

이 책은 맛있는 음식을 먹고, 유명한 곳을 방문한 기록에 그치지 않는다. 여행을 함께하거나 우연히 마주친 사람들과 나눈 일상에서 느꼈던 다양한 감정과 생각, 그리고 그 속에서 만들어낸 스토리도 꾹꾹 눌러 담아냈다. 나의 청춘이 깃든 대만에서의 추억을, 대만을 사랑하는 혹은 사랑하게 될 독자들과도 함께 나누고자 한다.

목 차

3부

느긋함 속에 머무는 여유의 미학

4부

가깝고도 먼 섬나라

※ 일러두기

- 본문에서 쓰인 화폐 단위는 대만의 원(元)화임을 밝힙니다.

- 타이베이, 타이중, 가오슝과 같은 주요 도시는 한국인 독자에게 익숙한 중국어 발음으로 통일합니다.

- 구족문화촌(九族文化村 지우주원화춘)과 같은 지명은 한자와 중국어 발음을 병행하여 표기합니다.

끈적한 공기, 공항의 활기찬 새벽 분위기, 그리고 환한 미소를 지으며 캐리어를 손수 옮겨주던 택시 기사님의 작은 배려가 얼어붙었던 마음을 서서히 녹여 주었다. 어쩌면 이 여행이 생각보다 괜찮을지도 모른다는 예감이 들었다.

고온다습의 나라에 오신 것을 환영합니다

자정에 도착한 타오위안 공항

타오위안,

타오위안 국제공항

밤 12시가 넘어 타오위안 공항에 도착했다. 이미 어둠에 잠긴 도시가 이방인을 이렇게 격하게 반겨줄 줄은 꿈에도 몰랐다. 착륙 후 첫발을 내딛자마자 온몸을 감싸 안는 끈적한 공기가 새로운 나라에 도착했음을 실감 나게 했다. 초등학생 때 교과서에서만 접하던 고온다습이라는 단어를 몸소 체감하는 순간이었다. 무겁고 눅눅한 공기가 피부에 닿을수록, 안전하게 도착했다는 안도감과 함께

이토록 다정한 대만이라니

묘한 해방감이 밀려왔다.

사실 이 여행의 시작은 서툴고 어설펐다. 처음 가본 인천공항에서 노련한 여행자로 보이고 싶어 공항 이용법을 수도 없이 검색했다. 나름의 노력에도 불구하고 서툰 티는 감출 수 없었다. 출국장에 들어가서도 긴장은 좀처럼 가라앉지 않았다. 해외 경험이 많은 친구에게 전화를 걸어 제대로 가고 있는 게 맞는지 여러 차례 확인을 받을 만큼 엉성했다. 또한, 평소 밤 8시 이후엔 외출조차 꺼리는 내가 한밤중에 언어도 통하지 않는 대만에 간다는 건 엄청난 사건이었다. 나 스스로도 이렇게 불안한데 겁쟁이 딸이 혼자 외국 여행을 간다는 말을 들으면 엄마는 분명 밤새워 걱정할 터였다. 혹여나 비행기에 오르기 전 엄마의 걱정이 나를 막을까 싶어 떠나는 날까지 비밀로 했다.

　사춘기도 무탈하게 넘어갔는데, 스물셋이 되어 야반도주하듯 해외에 가다니 기내에서 내내 머릿속이 복잡했다. 여행의 설렘이 느껴질 법도 했지만, 부담감이 그 모든 감정을 덮어버렸다. 그런데 막상 비행기에서 내리니 기분이 조금씩 나아지는 신기한 경험을 했다. 끈적한 공기, 공항의 활기찬 새벽 분위기, 그리고 환한 미소를 지으며 캐리어를 손수 옮겨주던 택시 기사님의 작은 배려가 얼어붙었던 마음을 서서히 녹여 주었다. 어쩌면 이 여행이 생각보다 괜찮을지도 모른다는 예감이 들었다.

　택시 차창 밖으로 보이는 타오위안의 밤 풍경은 익숙한 듯 낯설

이토록 다정한 대만이라니

었다. 5분 남짓한 이동 거리이자 누군가에겐 도로 위 흔한 새벽 풍
경일 수 있다. 내게는 창문에서 눈을 떼지 못할 정도로 하나하나가
신선한 자극으로 다가왔다. 짧은 드라이브를 끝내고 도착한 호텔
객실은 과하게 넓었다. 실수로 트윈 침대가 놓인 객실을 예약한 것
이다. 이왕 이렇게 된 거 호캉스라도 즐기면 좋으련만, 밤늦게 도
착하여 하루는 이미 끝나 있었다.

　남은 기간은 고작 1.5일. 이 짧은 여정을 어떻게 채워야 할까? 출
국 전부터 나름대로 계획을 세웠으나 그것이 착 들어맞을 것 같지
는 않았다. 동네방네 소문난 길치인 데다가 한국어밖에 할 줄 모르
니 분명 예상치 못한 변수가 많을 것이다. 그래도 이미 긴장이 풀

릴 대로 풀려서일까? 공항에서만큼 걱정되지는 않았다. 자고 일어나면 환한 대만의 풍경이 나를 새롭게 맞이해줄 거라고 생각하니, 가슴이 두근댔다. 오랜만에 느껴보는 기대감과 눈을 감으면 하루가 정말 끝나버린다는 아쉬움이 섞여 도로가 훤히 내려다보이는 객실 창가 쪽으로 다가갔다. 간간이 지나가는 자동차 소리를 들으며 도로 위 불빛을 한참 감상한 뒤에야 잠자리에 들 수 있었다. 대만에서의 첫날은 창가 구경만으로 끝나버렸다. 뭐 하나 특별한 기억이 없을 만한데, 희한하게도 비행기에서 내릴 적 피부에 닿던 끈적한 공기의 촉감과 택시 기사님의 환한 미소는 10년이 지난 지금까지도 생생하다.

불완전함이 만드는 완벽함

　1박 2일 같은 2박 3일의 짧은 일정으로 혼자 떠난 타이베이 여행은 달콤했다. 촉박한 일정 속 뭐 하나 제대로 한 건 없지만 말이다. 타이베이 메인 스테이션 Y13 출구를 찾지 못해 한 시간 동안 빙 돌았다. 단수이에 가려다 반대 방향 MRT를 잘못 타 101타워에 도착하기도 했다. 기차를 2분 차이로 놓쳐 늦게 도착한 스펀에서 기대하던 닭날개 볶음밥은 볼 수조차 없었다. 그런데도 모든 실수와 어

설픔을 덮을 만큼 대만은 달콤했다.

의도치 않게 도착한 101타워에서 뜻밖에 딘타이펑을 방문하게 되었다. 육즙을 터뜨려 절인 생강을 얹어 베어 물던 샤오롱바오의 첫맛을 잊을 수 없다. 남녀 불문하고 도로를 가득 채운 오토바이들의 행렬, 장난감처럼 귀여운 노란 택시와 신호등, 가지각색의 음식을 팔던 편의점까지, 모든 것이 흥미로웠다. 지칠 때마다 도움을 주던 대만 사람들의 친절도 빼놓을 수 없다. 길을 물을 때마다 끝까지 동행하며 안내해 주던 모습에 감동해 한국에서 외국인을 보면 적극적으로 도와야겠다고 다짐했다.

이 모든 기억을 간직한 채, 공항에 가기 직전 들른 단수이의 풍경은 꽤 감상적으로 다가왔다. 필터를 씌운 듯한 따스한 색감에 여유로운 분위기가 더해져 정신을 차릴 수 없었다. 강변에서 휴식을 취하는 하얀 새, 낚시하는 현지인 아저씨의 뒷모습, 그리고 차 아래에서 얼굴을 살짝 내민 고양이까지 자꾸만 마음을 간지럽혔다. 이륙이 5시간도 남지 않은 이 여행을 뒤집고 싶어졌다. 5분 만에 뒤집힌 건 내 마음이었다.

타이베이 출발-인천 도착

한화 320,000원~

대학생이 무슨 돈이 있겠는가? 충동적으로 검색해 본 편도 항공권 금액에 입을 다물지 못한 채 곧장 공항으로 향했다. 아쉽게 끝나버린 첫 대만 여행은 밥을 먹다가도, 수업을 듣다가도, 툭하면 아른거렸다. 밤마다 가이드북을 펼쳐 가고 싶은 곳과 먹고 싶은 것에 밑줄을 그었다. 대만에는 타이베이 외에도 타이중, 타이난, 가오슝 등 매력적인 도시가 가득했다. 장어덮밥, 철판 요리 등 군침 도는 음식도 많았다. 이렇게 침대 위에서 키워온 두 번째 대만 여행의 꿈은 생각보다 빠르게 실현되었다. 불과 3개월 뒤, 친구를 설득해 8박 9일간의 긴 여정을 떠나게 되었다.

우리는 타오위안 공항에서 새벽 버스를 타고 가오슝, 타이중, 타이베이 순으로 여행할 야심 찬 계획을 세웠다. 하지만 대만에 도착하니 여행 커뮤니티가 가오슝 지진 소식으로 난리가 나 있었다. 몇십 년 만에 발생한 대규모 지진이며, 여진이 있을 수 있다는 말에 심장이 덜컥 내려앉는 기분이었다. 타이베이에 있는 호텔에서 침대가 흔들려 깼다는 글까지 읽고 나니 공항 밖으로 나갈 엄두가 나지 않았다.

첫날은 편의점표 꽌동주(關東煮) 국물로 몸을 녹이다가 공항 의자에 쭈그린 채 밤을 보냈다. 날이 밝았지만, 한국으로 돌아갈 수도 없는 노릇이었다. 어찌 되었든 타이베이가 가장 안전하다는 생각에 가오슝에 잡아뒀던 일정만큼 타이베이의 저렴한 숙소를 추가로 예약했다. 체크인 후, 친구와 한 시간만 자고 일어나자며 알람을 맞추었다. 거의 기절한 듯 쓰러졌고, 일어나보니 시계 작은 바늘은 이미 9를 가리키고 있었다. 공항에서의 피로와 긴장으로 하루가 통째로 날아가 버렸다. 이후 일정도 다 엉망진창이었다. 춘절 연휴라서 휴무인 곳이 많아 계획했던 곳은 대부분 갈 수 없었다.

　그래도 수많은 사람의 친절함 덕분에 중간중간 미소가 끊이질 않았다. 체크인 시간을 놓쳐 호스텔에 들어가지 못하고 있을 때, 서양인 여행자들이 머리를 맞대고 도와주어 또 밖에서 밤을 지새우는 상황을 면할 수 있었다. 역전에서 구글맵을 뚫어져라 쳐다보고 있을 때, 한국인 유학생이 먼저 말을 걸어주어 목적지까지 무사히 찾아갈 수 있었다. 길을 물을 때마다 현지인들이 끝까지 동행하여 안내해 주어 막연한 불안감을 내려놓을 수 있었다. 이 외에도

자잘하게 도움받는 상황이 자주 있었다.

　여행 마지막 날, 공항으로 가는 버스 안에서 친구에게 이번 여행 중 가장 기억에 남는 것이 무엇인지 물었다. 그녀는 사람들이 참 친절했다고 답했다. 너무 힘들었기에 다시 올지는 모르겠지만, 그들 덕분에 대만이라는 나라가 오래도록 기억에 남을 것 같다고 했다. 실제로 그녀는 대만을 다시 찾은 적이 없다. 같이 보내는 일정 내내 우리는 여행 스타일도 기대했던 것도 매우 달랐다. 그럼에도 불구하고 사람에 대한 따스한 기억만큼은 같았다. 두 번째라고 뭐 하나 나아진 것 없는 대만 여행이었지만, 이곳 사람들과의 만남은 모든 고단함을 덮어줄 만큼 값진 경험이었다. 쓴맛과 단맛이 완벽한 조화를 이루는 이 묘한 매력에 제대로 감긴 나는 이후 대만에 거의 매년 발도장을 찍는 중이다.

말할 수 없는 여행

무언가 좋은 것을 경험할 때마다 이곳저곳 떠벌리기 바쁜 나에게도 꽁꽁 숨겨둔 기억이 하나 있다. 바로 회사 몰래 다녀온 N번째 대만 여행이다.

별다른 문제 없이 연차를 승인받고 환불 불가 특가 항공권을 결제했는데, 예상치 못한 일이 벌어졌다. 연차가 반려됐던 옆 팀 직원이 나만 휴가를 가는 게 못마땅했던 모양이다. 그녀는 자신의 상

이토록 다정한 대만이라니

사에게 항의했고, 이 일은 팀장 회의에서까지 거론되었다. 형평성이라는 이유로 이미 승인받았던 내 연차도 취소당하게 된 것이다. 돌이켜 생각해도 쉽게 납득이 가지는 않는다. 각자의 업무 상황에 따라 휴가를 조율하는 건데. 하지만 그게 그 회사의 방식이었다.

앉은 자리에서 한화 30만 원을 날릴 생각에 시무룩해 있던 그 때, 팀장님이 조용히 회의실로 불렀다. 그는 다른 사람들에게는 출장 다녀오는 것처럼 꾸미자며 솔깃한 제안을 했다. 단, 귀국한 뒤에는 기념품을 일절 돌리지 말고, 여행 이야기도 꺼내지 말라는 조건이 붙었다. 그렇게 경영지원팀과 내 직속 상사에게만 살짝 귀띔을 해준 팀장님 덕분에 예정대로 비행기에 오를 수 있었다.

여행을 다녀온 후 한동안은 출장에 대한 동료들의 질문을 얼버무리며 지냈다. 시도 때도 없이 떠오르는 멋진 풍경들에 입술이 근질거렸지만, 꾹 참았다.

뭐가 그렇게 좋았냐고 묻는다면, 단연 어인마두(漁人碼頭 위런마터우)에서 본 일몰을 꼽을 것이다. 강변을 산책하며 버스킹 공연을 감상하는데, 주황빛 물감을 머금은 듯한 하늘이 강 위로 천천히 내려앉았다. 세상이 온통 붉은빛으로 물들었다. 숨이 멎을 듯한 아름다운 풍경에 시선을 빼앗긴 채로 한참을 서 있었다. 눈가가 시큰해지더니, 여행 내내 마음 한구석을 짓누르던 불편함도 사라지는 기분이었다.

그 벅찬 순간을 놓치고 싶지 않아 근처에 앉아 있던 화가에게 캐리커처 한 점을 부탁했다. 누군가 내 표정을 있는 그대로 담아주길 바랐다. 대개의 캐리커처가 그러듯 익살스럽고 과장된 그림체는 그날의 감성과는 어긋났지만, 무언가에 내 감정을 고스란히 붙잡아둘 수 있다는 것이 내심 마음에 들었다.

집에 돌아와 파일철에서 비닐 한 장을 뜯어냈다. 그림이 파손되지 않게 비닐에 넣어 자취방 벽에서 가장 잘 보이는 자리에 붙여두었다. 5평 남짓한 작은 공간에서나마 그 그림은 비밀 여행을 마음껏 되새기게 해주는 특별한 존재가 되어주었다. 덕분에 입 밖으

이토록 다정한 대만이라니

로 꺼내기 어려웠던 여행이었음에도 기억 속에서 더 오래, 더 선명하게 남을 수 있었다.

동료들의 관심이 점차 잦아들 무렵, 그 그림을 찍어 카카오톡 프로필 사진으로도 올렸다. 그림 구석에 적혀 있던 날짜는 편집툴로 말끔히 지운 채 말이다. 철저한 입단속을 지킨 덕분에 지금까지도 내가 다녀온 출장지가 대만이었다는 사실을 아는 동료는 없다. 하지만 세상에 영원한 비밀은 없다는데, 어쩌면 이 글을 읽고 있는 누군가가 그때의 동료일지도 모르겠다.

1부 고온다습의 나라에 오신 것을 환영합니다

나의 대만, 엄마의 대만

후회하는 것 중 하나가 있다면 바로 엄마와 함께했던 대만 여행이다. 여행 초반만 해도 경치 좋은 곳에 가거나 맛있는 것을 먹을 때면, 엄마와도 다시 와보고 싶다는 생각을 자주 했었다. 실제로 엄마와 떠난 대만 여행은 그런 기대를 충족시키지 못한 채 아쉽게 끝나버렸다. 효도 여행이라 하면 부모님의 취향과 체력에 맞춘 일정을 계획하고, 관광객들로 북적이는 명소를 방문해 사진을 찍어

드리는 게 일반적이다. 그 사진은 부모님의 카카오톡 프로필 사진으로 설정되어 오래도록 자랑거리로 쓰인다.

나는 그런 전형적인 효도 여행을 뛰어넘어 엄마에게 내가 사랑하는 대만의 진짜 모습을 보여주고 싶었다. 이미 대만을 서너 번이나 다녀왔기에 이번 여행에서는 흔한 관광지보다는 새로운 곳을 경험하고 싶기도 했다. 선택한 여행지는 현지인들이 자주 찾는 카페 거리와 동네 공원, 대만인 친구가 추천해 준 골목 맛집이 대부분이었다. 예스진지 같은 관광 명소는 일정에서 제외했다. 이 모든 것이 우리 둘에게 신선한 경험이 될 것이라 생각했지만, 결과는 처참했다.

레트로 감성이 물씬 풍기는 거리에서 오래된 건축물을 보며 감탄하던 나와 달리 엄마는 20년 전 한국 같다며 시큰둥한 반응을 보였다. 현지 특유의 기름진 음식을 먹을 때면 엄마는 속이 불편하다며 표정이 어두워지곤 했다. 매력적인 대만의 모습을 소개하고자 하는 마음은 진심이었지만, 그것이 그녀에게도 좋은 경험이 되지는 못했다. 내 취향을 강요하는 데만 바빠 한식집은 찾아볼 생각조차 하지 않았다. 이색적인 곳을 가겠다며 이동 동선마저 불편한 곳들만 선택했다. 열심히 준비한 여행인데 즐기지 못하는 엄마의 모습을 보며 오히려 서운한 감정이 들기도 했다. 그래서 여행의 방향을 잘못 잡았다는 사실을 애써 인정하지 못했다. 원래부터 성향

新光三越
陽陽得意
乙事

이토록 다정한 대만이라니

이 다른 두 사람의 여행이니 어쩔 수 없는 결과라고 합리화했다. 상반된 엄마의 반응을 보기 전까지는 말이다.

여행 마지막 날, 키키 레스토랑에서 도미찜과 부추꽃볶음을 곁들여 흰 밥을 먹었다. 엄마는 대만에 와서 처음으로 행복해 보였다. 이제야 제대로 된 식사를 한다며 다급한 손놀림으로 밥을 두 공기나 해치우셨다. 그 모습을 보며 지난 일정이 엄마에게는 얼마나 힘들었는지를 그제야 실감했다. 이후 시간이 남아 101타워 근처 구름다리를 걸으며 야경을 감상했다. 백화점과 고급 호텔로 둘러싸인 풍경은 화려하게 빛났고, 신년 장식까지 더해져 더 특별해 보였다. 엄마는 이제야 진짜 여행하는 기분이라며 두 눈을 반짝였다. 정적인 시골 풍경에 익숙한 그녀에게는 초록빛으로 가득한 공원이나 조용한 거리를 걷는 대신, 화려하고 북적이는 장소가 더 신선하고 즐거운 경험이었던 것이다.

엄마에게 필요한 여행은 내가 사랑하는 대만이 아니라 엄마가 사랑하게 될 대만이어야 했다. 효도 여행이라고 떠난 여행에서 가장 기억에 남았던 순간은 아이러니하게도 엄마가 쉬겠다고 일찍 잠든 밤이다. 혼자 추적추적 내리는 비를 뚫고 나가 맥주 한 잔 마시며 라이브 음악을 감상하던 그 시간이 제일 좋았다. 엄마와의 여행을 진정으로 이해하지 못했기에 혼자만의 대만을 찾는 데에 가장 큰 만족을 느꼈던 게 아닐까 싶다. 그래서인지 참 못난 딸이었다는 생각에 이 글을 쓰는 지금도 마음이 불편하다. 이 실수를 만회하기 위해 언젠가는 꼭 엄마와 두 번째 대만 여행을 가고 싶다. 다음번에는 나를 온전히 내려두고 그녀가 편안하게 즐길 수 있는 여행을 계획할 자신이 있다. 하지만 아쉽게도 그런 기회는 쉽게 오지 않는다. 엄마가 잠든 밤, 분명 달다고 들이켰던 맥주의 끝맛이 시간이 흐를수록 씁쓸하게만 느껴지는 건 온전히 기분 탓일까.

타이난은 버스가 오지 않아요

타이난

32레코드점

　이전의 좋은 기억을 안고, 3년 만에 타이난을 다시 찾았다. 문제는 이 도시에 버스가 잘 다니지 않는다는 사실을 까맣게 잊고 있었다는 점이다.

　이번 여행에는 조금 특별한 이유가 있다. 한창 빠져 있던 대만 드라마 「상견니」의 주요 배경지가 바로 타이난이기 때문이다. 주인공들이 입었던 것과 똑같은 디자인의 교복을 인터넷으로 주문했다. 디화제에 가서 자수까지 곱게 새겼다. 그걸 입고 촬영지를 돌며 사진을 찍을 생각이었다.

첫 목적지로 메인 촬영지였던 '32레코드점'을 들르기로 했다. 구글맵에는 곧 도착 예정인 버스가 표시되어 있었는데, 15분이 지나도 버스는 올 생각이 없어 보였다. 결국 한낮의 땡볕을 뚫고 35분을 걸었다. 도착해서야 알게 된 사실인데, 그 세트장은 이미 몇 년 전에 자리를 옮겼다는 것이다. 내가 참고한 정보는 그 전의 주소라는 것을 깨닫고 어찌나 허탈감이 들었는지 모른다.

세트장을 옮긴 장소로 가기 위해 근처 버스 정류장을 찾았다. 이번에도 버스는 오지 않았다. 한참을 기다리다 울며 겨자 먹기로 한화 만 원에 가까운 돈을 내고 우버를 불렀다. 이렇게 타이난에서는 버스 배차 간격이 길거나, 아무리 기다려도 오지 않는 경우가 흔하다. 구글맵에 표시된 시간은 어디까지나 희망사항일 뿐이다. 어쩌면 이곳에는 내가 모르는 또 하나의 시간 계산법이 존재하는 게 아닐까 싶기도 하다.

첫 코스부터 완전히 지쳐버린 탓에 주인공 삼총사인 펑난소대가 즐겨 먹던 냄비우동도, 모쥔제 할머니가 팔던 빙수도 포기했다. 굳이 이렇게까지 힘들게 여행할 필요가 있을까 싶은 현타가 밀려왔다. 숙소로 돌아가 에어컨 바람 아래 드러눕고 싶었지만, 역시나 버스는 오지 않았다. 걷고 걷고 또 걸었다.

1부 고온다습의 나라에 오신 것을 환영합니다

걷다 지쳐 들어간 아이스크림 가게에서 겨우 숨을 돌리고, 보이는 카페에 앉아 아이스 아메리카노를 마셨다. 시원한 또우화 한 그릇으로 배를 채우고, 얼음 가득 담긴 음료 한 잔을 손에 쥔 채 숙소에 겨우 돌아왔다. 그날 하루는 시원한 음식과 에어컨을 찾아 헤맨 기억으로만 남았다. 「상견니」 투어를 하겠다는 거창한 계획은 온데간데없이 사라진 채로 말이다.

타이난은 「상견니」를 빼놓고 보더라도 분명 매력적인 도시다. 골목마다 스며든 시간의 흔적, 여유로운 로컬 분위기, 입안 가득 미소를 짓게 만드는 미식들까지. 하지만 이 도시를 제대로 즐기고 싶다면, 한 가지는 반드시 기억해야 한다. 타이난에는 버스가 오지 않는다.

버스를 기다리느라 소중한 시간과 체력을 허비하느니, 그냥 걷거나 우버를 부르는 것을 추천한다. 그렇지 않다면, 이 도시의 매력을 온전히 누리기 어려울지도 모른다.

인생 첫 전동 오토바이

　8월의 대만은 그곳에 진심인 나조차도 피하고 싶을 만큼 고역인 날씨다. 신호등 앞에 잠깐 서 있기만 해도 숨이 턱턱 막힌다. 샤워를 마치고 나온 지 몇 분 지나지 않아 등줄기를 따라 땀이 흐른다. 모든 의욕이 녹아내리는 뜨거운 시기인데, 이상하리만치 여유로워 설레는 기억이 하나 있다. 이후 대만을 열 번도 넘게 다녀왔지만, 타이동에 딸린 작은 섬 뤼다오에서 보낸 2박 3일을 뛰어넘는

순간은 아직 없다.

뤼다오는 섬 전체가 하나의 자연보호구역처럼 느껴질 만큼 조용하며, 손때 덜 탄 풍경이 그대로 남아 있는 곳이다. 방문했을 당시 외국인 관광객은 한 명도 찾을 수 없었고, 도시의 소음이나 급박함도 들리지 않았다. 한국에서는 타이동으로 가는 직항편이 없고, 대만 내에서도 중심을 가로지르는 거대한 산맥 탓에 다른 지역에서 대중교통으로 접근하기란 쉽지 않다. 이를 거쳐야만 뤼다오에 갈 수 있는데, 마지막 관문으로는 멀미를 부르는 배까지 타야 한다. 한 번 다녀오면 두 번은 쉽게 엄두가 나지 않는 그런 섬이다.

그곳에서 인생 처음으로 전동 오토바이를 몰았다. 원래대로라면

이토록 다정한 대만이라니

늘 그렇듯 걷거나 자전거 페달을 밟을 생각이었다. 그러나 숙소 라운지에 모인 대만인 열댓 명이 만류했고, 함께 온 친구도 내심 전동 오토바이를 타고 싶어 하는 눈치였다. 평소에는 뭐든 나에게 맞춰주던 그녀였지만, 이번만큼은 꼭 해보고 싶다는 의지가 느껴졌다. 결국 분위기에 이끌려 마음을 바꿀 수밖에 없었다.

친구는 "자전거만 탈 줄 알면 다 탈 수 있다던데"라고 했지만, 솔직히 혼자였다면 감히 시도조차 하지 않았을 것이다. 다행히 대여점 사장님의 지도 아래 몇 번 연습해 보니 그리 어렵지는 않았다. 이후에도 친구와 한참을 연습하며 어색하기만 했던 핸들 감각에 조금씩 익숙해졌다.

놀랍게도 뤼다오에선 오토바이가 없으면 아무것도 할 수 없을 정도였다. 커피를 마시러 갈 때도, 스노클링을 하러 갈 때도, 온천에 몸을 담그러 갈 때도 밖으로 나서는 모든 일정은 오토바이 시동을 거는 것으로부터 시작됐다. 여행 내내 두 바퀴가 두 발을 대신했다.

그렇게 모든 이동이 오토바이에 달려 있다 보니, 때로는 전동 오토바이 특유의 작은 불편함도 있었다. 섬 전체를 둘러봐도 이 귀여운 탈것을 가진 사람은 우리 둘뿐이었다. 스노클링 장소까지 각자 이동해야 했는데, 최대 시속 50km 남짓한 속도로는 일반 오토바이를 탄 대만인 팀을 따라가기 버거웠다. 갈림길에선 앞사람이 아예 시야에서 사라져 길을 헤매기도 했다.

그래도 남들보다 느렸기에, 오히려 그곳의 귀한 풍경을 온갖 감각으로 섬세하게 느끼고 올 수 있었다. 구름은 한국에 포장해 가고 싶을 만큼 부드러워 보였고, 푸른 바다는 스쳐 지나가기만 해도 속이 뻥 뚫리는 듯했다. 시원한 바람을 가르며 끝없이 펼쳐진 바다와 구름을 바라보던 순간은 아직도 생생하다. 일출을 보겠다며 새벽녘 친구와 오토바이를 몰고 섬 한 바퀴를 달렸던 것도 잊을 수 없다.

익숙한 방식에서 벗어나 낯선 이동 수단에 도전한 덕분에, 뤼다오에서는 새로운 속도로 흐르는 여유를 경험할 수 있었다. 뤼다오

의 8월 역시 결코 만만치 않았지만, 그 속에서 마주한 선명한 색감
과 벅찬 도전이 그 여름을 더 편안하고 특별하게 만들어주었다.

생일맞이 가오슝 여행

　예전엔 생일처럼 특별한 날이면 으레 누군가와 함께 좋은 곳에서 축하해야 한다는 강박 같은 게 있었다. 날아오는 축하 메시지엔 자연스레 오늘 뭐 하냐는 질문이 따라붙는데, 너무 우울해 보이지도, 너무 평범해 보이지도 않게 대답하고 싶었다. SNS에도 오늘 하루 정말 즐거운 주인공이었다는 걸 보여주고 싶었다. 민망하지

이토록 다정한 대만이라니

51

만 내가 생각하는 나보다 남들이 보는 나에 더 신경을 쓰며 보여주는 인생에 공을 들였다.

하지만 대만을 혼자 여행하기 시작하면서부터 하고 싶은 것과 먹고 싶은 것을 그때그때 따라가는 재미에 제대로 발을 들이기 시작했다. 남이 아닌 나의 기분을 들여다보는 시간이 점점 많아졌다. 예를 들면, 사실 나는 그리 외향적인 사람이 아니다. 여럿이 모이는 술자리보다는 혼자 책을 읽거나 영상을 편집하는 시간이 더 편하다. 더 오래 머물고 싶은 풍경 앞에선 기꺼이 끼니를 거를 수 있다. 카메라로는 인물을 찍는 것보다 풍경 그 자체를 담는 것을 더 좋아한다. 내 취향을 하나씩 알아가면서 문득 그런 생각이 들었다.

'생일이라고 해서 꼭 누군가를 만나 근사한 식사를 해야 할까?'

오히려 아무런 약속 없이 하루를 온전히 나에게 맡겨두고 싶었다. 그렇게 이번 생일은 내가 가장 좋아하는 방식으로 보내기 위해 혼자 가오슝으로 향했다. 생일이 시작되던 자정, 숙소 근처의 작은 라이브 바에 들렀다. 좋아하는 아마레또 샤워 한 잔을 앞에 두고, 자주 듣던 중국어 노래를 신청해 공연을 즐겼다.

낮에는 전부터 저장해두었던 강변이 내려다보이는 카페에 들러 아메리카노와 케이크 한 조각으로 생일을 자축했다. 마침 날씨도 화창했고, 산책하던 중 우연히 보게 된 즉석 공연도 마음에 들었다. 강가에서는 드레스를 차려입은 학생 열 명 남짓이 춤을 추고

53

있었다. 잠시 뒤 강 위의 다리가 천천히 열리고 닫히는 광경까지 볼 수 있었다.

무언가를 특별히 하지 않아도 기억에 남을 만한 순간들이 자꾸만 이어졌다. 혼자 보내는 날이라고 해서 외롭지도 않았다. 오히려 마음이 더 단단하게 채워지는 느낌이었다. 이전 같았으면 평범한 순간들을 어떻게든 있어 보이게 꾸미려 했을 것이다. 이날만큼은 있는 그대로의 나로 하루를 온전히 즐기고 있다는 기분이 들었다. 어디에도 자랑할 형체는 없지만, 이것이야말로 올해 내가 받은 가장 귀한 생일 선물이 아닐까 싶다.

가능하다면, 매년 생일 주간은 이렇게 대만에서 조용히 보내고 싶다. 내년 생일엔 펑후에 가보면 어떨까 하는 상상을 해본다.

이토록 다정한 대만이라니

버블티와 펑리수

　최근 언니네 가족과 함께 3박 4일 일정으로 타이베이를 다녀왔다. 중국어를 어느 정도 할 줄 아니까, 현지인과의 모든 소통은 자연스레 내 몫이 되었다. 길을 묻고, 맛집에서 주문하고, 간단한 쇼핑을 해결하는 일까지 척척 앞장섰다. 모두가 조금이라도 더 편하게 즐기길 바라는 마음에서였다. 하지만 그게 이번 여행의 가장 큰 실수였다.

6년 전 엄마와 함께 왔을 때도 그랬지만, 우리 가족은 유독 대만과 궁합이 맞지 않는다. 숨이 턱 막히는 무더위에 기름진 음식까지 더해지니 모두 금세 지쳐버린다. 사실 나 역시 대만의 날씨나 음식이 썩 체질에 맞는 편은 아니다. 그럼에도 불구하고 이곳이 자꾸 생각났던 이유는 말로 다 설명하기 힘든 현지인들의 친절과 배려 덕분이었다. 언니네 가족도 그런 따스한 순간을 많이 경험했다면, 대만을 더 열린 마음으로 기억하지 않았을까 싶다. 본의 아니게 내가 그 소중한 기회를 앗아가 버렸다.

한 번은 조카들과 근처 상점에서 쇼핑을 하는 사이, 형부가 혼자 버블티를 사러 간 적이 있다. 카드 한 장 들고 간 그 가게는 현금만 받는 곳이었다. 다시 돌아가 현금을 가져오려고 하니, 점원이 선물이라며 음료를 그냥 건네줬다고 한다. 아마도 외국인이라서 그러지 않았나 싶다.

형부는 내게 달려와 놀라움과 고마움이 뒤섞인 얼굴로 그 일화를 들려주었다. 곧이어 작은 상자에 든 펑리수를 집어 들고 다시 버블티 가게로 들어갔다. 그 모습을 본 언니는 차라리 돈을 드리는 게 낫지 않겠느냐며 고개를 저었다. 버블티는 75원(元), 펑리수는 150원이었으니 손익만 따진다면 당연히 현금이 낫다. 직원에게도 그게 더 실용적이었을 것이다.

그럼에도 불구하고 그 당시 형부의 표정은 그런 비효율적인 행

이토록 다정한 대만이라니

동을 납득하게 만들었다. 현지인과의 짧은 대화 이후, 그의 얼굴에는 여행 내내 좀처럼 볼 수 없었던 생동감이 가득 차올랐다. 형부에게 그 펑리수는 뜻밖의 선의에 답할 수 있는, 돈으로는 환산할 수 없는 가장 진솔한 방식이었을 것이다.

그때 문득 내가 너무 많은 걸 자처했던 건 아닌가 하는 후회가 밀려왔다. 말이 통하면 더 좋으리라는 믿음에 대부분의 일을 대신해 왔다. 하지만 자유여행의 진짜 묘미는 눈치 보지 않고 마음껏 부딪히는 경험 속에 있다. 서툰 손짓과 발짓으로 길을 묻고, 실수하며, 하나둘씩 쌓여가는 현지인의 다정함이야말로 대만이라는 나라에 가장 쉽게 빠져들게 만드는 매력 요소이다.

차라리 조카들과 더 많이 놀아주며 이번 여행에서 두 발 물러서 있을 걸 그랬다. 그들이 각자의 방식으로 이곳을 느낄 수 있게 말이다. 그랬다면 언니와 형부는 버블티 한 잔의 감동 같은 순간을 백 번은 더 안고 한국으로 돌아왔을지도 모른다.

막상 도착한 곳은 남의 집 담장 앞이었다. 조그마한 벚꽃나무 한 그루가 전부였다. 순간 웃음이 새어 나왔다. 아이처럼 들뜬 표정으로 이 소소한 풍경을 자랑하던 아저씨의 마음이 어쩐지 귀엽고 사랑스러웠다.

대만에서 마주한 다정함

같이 스노클링하러 갈래?

핑둥

컨딩

　지난번에 남부를 강타한 대지진으로 인해 가오슝 여행을 포기해야 했다. 그 아쉬움을 덜어내기 위해 또다시 대만행 항공권을 예약했다. 어쩌다 보니 한 해에 세 번이나 대만을 방문하게 되었다. 이번 여행에는 한 번도 가본 적 없는 남부에 온전히 집중하기로 했다. 가오슝과 함께 가기 좋다는 컨딩도 여정에 포함시켰다.

　컨딩은 대만 최남단에 위치한 휴양지다. 대중교통으로는 가오슝

에서 버스를 타거나 택시를 쉐어해서 갈 수 있다. 택시 쉐어는 목적지가 같은 사람들과 함께 택시 요금을 나누는 방식인데, 버스와 큰 차이가 없다는 얘기를 들었다. 이왕이면 택시로 편하게 가는 게 좋을 것 같았다.

여행 커뮤니티에서 본 대로 가오슝역 앞에서 여행자 티를 한껏 내며 서성였다. 그때 기사님 한 분이 다가와 "컨딩?" 하고 말을 건넸다. 그렇게 인당 350원을 내고, 홍콩인 세 명과 컨딩으로 향하게 되었다. 그들은 원래 아는 사이인 듯 보였다. 성격이 어찌나 활달하던지 기사님과 끊임없이 이야기를 나눴다. 중국어도 영어도 모르는 나는 조용히 창밖만 바라보며 시간을 보냈다.

그런데 그들이 갑자기 내게 말을 걸었다. 중간에 잠깐 내려 공짜 과일을 먹고 가자고 했다. 공짜라는데 마다할 이유가 없었다. 이름도 모르는 신기한 과일을 하나씩 맛보았다. 왜 공짜였는지는 아직도 모르겠다. 또다시 내려 사진을 찍고 가자며 멈춰선 곳은 차들이 쌩쌩 달리는 도로 옆이었다. 하늘이 아주 푸르고 청명했다. 셔터를 누르는 순간마다 인생샷이 나올 만큼 멋진 풍경이었다.

우리는 번역 앱을 사용해서 대화했다. 이런 내가 답답하여 처음엔 몇 마디 하다가 끝나겠지 싶었는데, 그들은 또 무언가를 열심히 입력하더니 휴대폰을 내밀었다.

"같이 스노클링하러 갈래?"

500원이면 스노클링, 바나나 보트, 일반 보트까지 모두 즐길 수

있다고 했다. 원래는 650원인데 기사님을 통해 할인받을 수 있다는 거다. 사실, 그때까지만 해도 스노클링이 뭔지도 몰랐다. 하지만 컨딩에 도착하면 뭘 해야 할지 고민 중이던 터라 솔깃한 제안이었다.

컨딩은 한국인에게 생소한 지역이라 정보도 많지 않았다. 자전거나 타보자며 막연하게 생각만 해둔 상태였다. 이들과 함께라면 더 재미있는 일이 펼쳐질 것 같았다. 낯선 환경 속에서 새로운 경험을 해보겠다는 나름의 로망도 실현할 기회였다.

"그래, 가자!"

이름도 헷갈리던 홍콩인들과의 뜻밖의 동행이 그렇게 시작되었다. 알고 보니 그들은 커플과 여동생으로 이루어진 일행이었다. 휴가 일정을 맞춰 같이 여행 중이었고, 마침 혼자 온 나를 발견한 것이다.

우리는 함께 바다로 나가 수십 마리의 물고기 떼를 보고, 보트를 탔다. 중국어만 들리는 해변에서 해양 스포츠를 즐기다니 굉장히 비현실적이란 생각이 들었다. 이후에는 함께 그들의 숙소에 들러 짐을 내려두고 샤다오 해변으로 향했다. 끝내주게 멋진 노을을 감상하고, 근처 야시장에서 군것질로 출출함을 달랬다. 선선해진 밤공기 속 여유를 즐기며 산책도 했다. 그리고 나는 밤이 더 깊어지기 전 가오슝으로 가는 버스에 몸을 실었다.

비록 자전거는 타지 못했지만, 천사 같은 홍콩 친구들을 만나 꿈 같은 하루를 보냈다. 그들 역시 대만에서는 외국인이면서, 나를 정말 끔찍이 챙겨줬다. 갑작스러운 물놀이 후 여벌 옷이 없던 내게 일회용 팬티와 스포츠 브라를 내어주었다. 컨딩 내에서 택시를 타거나 식사할 때는 돈을 한 푼도 쓰지 못하게 했다. 마지막엔 내가 가오슝행 버스에 앉는 것을 끝까지 확인한 뒤에야 자리를 떴다.

그중 여동생 엠마(Emme)는 한국 출장을 와서 나와 치킨을 먹은 적이 있다. 무척이나 추운 날이었다. 그날도 그녀는 본인의 목도리를 풀어 내 목에 감싸주었다. 한국에서는 뭐든지 해주겠다는 마음으로 식사를 대접하고 이것저것 챙겨 보냈지만, 마치 밑 빠진 독에 물 붓는 기분이었다. 아무리 애써도 급조한 내 친절은 그녀의 따뜻한 본성에 미치지 못했다.

친절한 타이완런

　대만에 가면 회색빛 건물과 빛바랜 간판들이 가장 먼저 눈에 들어온다. 흐린 하늘에 비가 자주 내려 도시 분위기가 눅눅하게 느껴질 때도 많다. 거리를 가득 메운 오토바이 행렬이 가끔은 어수선해 보이기도 한다. 그런데 이상하게도 그곳에만 가면 마음이 한없이 몽글해진다.

　무심한 듯 정겨운 눈인사를 건네는 상인들, 길을 물으면 하던 일을 멈추고 함께 걸어가 주는 동네 주민들. 거리 한편엔 사람 손길에 익숙한 고양이가 도망치지도 않고 느긋하게 자리를 지킨다. 그렇게 모인 풍경이 회색빛 도시 위에 따뜻한 색을 덧입힌다.

부드러운 색감의 파스텔톤 사진을 볼 때마다 자연스레 '대만 감성'이라는 말이 떠오르는 것도 아마 이 때문일 것이다. 그리고 그 감성의 중심에는 언제나 다정한 '타이완런(台灣人)'이 있다.

처음 대만을 찾았을 때는 특별할 것 없는 2박 3일의 짧은 여행이었다. 비행기를 타고 떠나는 첫 해외여행이라는 점을 빼면 별다른 사건도 없었다. 그런데 희한하게도 한국에 돌아와 눈을 떠도 감아도 자꾸만 대만이 떠올랐다. 그 이유를 깨닫는 데는 오래 걸리지 않았다. 그것은 바로 이유 없이 다가오는 따뜻한 마음들 덕분이었다.

타이중에서 사귄 친구에게 택배 한 상자를 보내니 그녀는 두 상자를 담아 되돌려 보냈다. 만날 때마다 대만 과자며 티백이며, 내가 좋아할 만한 것들을 바리바리 챙겨왔다. 그건 친구와의 관계에서뿐만이 아니다. 타이완런은 낯선 외국인에게조차 한없이 친절했다.

과일가게 앞에서 망설일 때마다, 사장님은 웃으며 다가와 오늘 먹을 것과 내일 먹을 것을 따로 골라 담아주었다. 겨우 두세 개의 과일을 사려던 손님일 뿐인데도 살뜰하게 챙겨줬다.

매일 같이 들르던 편의점의 직원은 내가 녹차와 요구르트를 사

이토록 다정한 대만이라니

서 또또뤼(多多綠)를 만들어 마시던 걸 기억하고 있었다. 다음 날, 직접 음료 전문점에서 사 온 또또뤼를 꺼내 건네주었다.

구족문화촌(九族文化村 지우주원화춘)에서는 정류장을 잘못 찾아 엉뚱한 곳에서 버스를 기다리고 있었다. 그때 한 택시 기사님이 다가와 다른 정류장까지 데려다주겠다고 했다. 현금이 없어 주저하자 그는 요금은 받지 않겠다며 계속 타라고 권했다. 결국 그의 차에 올랐는데, 정말로 아무런 대가 없이 나를 목적지에 내려주었다. 다른 기사님들에게 저 한국인이 제시간에 버스를 탈 수 있도록 도와달라고 당부한 뒤 쿨하게 떠났다.

사실 아주 가끔은 과하게 느껴지는 관심과 친절에 당황스러울 때도 있다. 어느 식당의 사장님은 내가 한국인임을 알아차리자 반

가운 얼굴로 말을 건넸다. 자신의 언니가 한국에서 일하고 있다며 곧장 영상통화를 걸어 폰을 내밀었다. 식사를 하며 사장님의 언니와 어색한 표정을 주고받으며 짧은 인사를 나눴던 그 순간은 돌이켜봐도 지나칠 만큼 극진한 환대였다.

또, 한국인이 좀처럼 찾지 않는 작은 카페에 들렀을 땐 사장님이 들어오는 손님마다 붙잡고 나를 한국인이라며 일일이 소개했다. 시선이 계속 쏠리는 게 부담스러워 그곳은 다신 갈 수 없었다.

하지만 과하든 뭐든 그런 기억이 차곡차곡 쌓이며 내 안의 믿음을 바꾸기 시작했다. 세상에는 이유 없는 친절과 관심도 있다는 것이다. 덕분에 나 역시 누군가에게 무언가를 베풀 때 계산하는 습관

이토록 다정한 대만이라니

을 조금은 내려놓게 되었다. 하나 더, 타인의 호의에 익숙해져 그
것을 당연하게 여기지 않도록 더 신경 쓰게 되었다. 받은 것에 감
사할 줄 아는 사람이 되기 위해 언제나 마음을 다잡는다.

샹산에서 보낸 따뜻한 연말

　매년 12월 31일 밤, 새해가 시작되는 자정이 되면 대만의 상징인 101타워에서는 화려한 불꽃놀이가 펼쳐진다. 5분 정도에 불과한 짧은 순간이지만, 이를 보기 위해 수많은 사람이 타이베이로 몰려든다. 그로 인해 그곳의 모든 숙소 가격은 상상을 초월할 만큼 치솟는다.

　5년 전 연말에 타이중에 머물고 있었다. 그저 불꽃놀이를 보고

이토록 다정한 대만이라니

싶다는 마음 하나로 타이베이와 근교 숙소를 검색했는데, 빈방이 있는 곳은 딱 두 군데뿐이었다. 하나는 불꽃놀이가 끝난 후 이동이 어려운 지우펀이었다. 또 다른 하나는 12인실 혼성 도미토리였는데, 한화로 무려 10만 원에 달하는 금액을 내야 했다. 여기도 위치가 그리 좋지는 않았다.

오래전부터 이 행사를 두 눈으로 직접 보고 싶다는 바람이 있었다. 마침 대만에 머물고 있으니 이왕이면 그 기회를 놓치고 싶지 않았다. 대만인 친구와 함께 머리를 맞대고 고민했고, 불꽃놀이가 끝난 뒤 새벽까지 영업하는 삼겹살집과 술집을 오가다가 첫차를 타고 귀가하는 방법을 생각해 냈다. 하지만 막상 그 정도 수고를 감수할 만한 가치가 있을까 망설여졌다. 간절하지 않았던 건 아니었지만, 무리해서 피곤한 일정을 강행하고 싶지는 않았다.

포기하려던 찰나 친구가 뜻밖의 제안을 건넸다. 본인의 동료 집이 샹산에 있는데, 그 집 테라스에서 101타워가 잘 보인다는 것이다. 마침 신년맞이 파티를 계획 중이라며 함께 가자고 했다.

그렇게 우리는 101타워 근처에 잠깐 들러 연말의 흥겨운 분위기만 살짝 맛본 뒤, 택시를 타고 샹산으로 향했다. 그 집에는 친구, 친구의 동료, 그 동료의 친척과 친구, 그리고 나, 총 다섯 명이 모였다. 그들 사이에 끼어 괜한 불청객이 되는 건 아닐까 걱정했는데, 대부분이 처음 보는 사이라서 생각보다 쉽게 친해질 수 있었다.

다 함께 흰 종이에 '2, 0, 2, 0, ♥'를 큼직하게 적어 새해를 맞이하는 기념사진을 찍었다. 미리 장 본 재료를 냄비에 넣어 훠궈를 끓이고, 술잔을 부딪치며 시간을 보냈다. 보드게임과 수다가 이어지다 자정이 가까워지자, 테라스로 나왔다. 101타워를 중심으로 화려하게 터지는 불꽃을 감상하며 "신니엔 콰이러(新年快樂)!"를 목청껏 외쳤다.

바로 앞에서 마주한 만큼의 압도감은 아닐지라도, 따뜻한 공간에서 인파에 치이지 않고 여유롭게 이 순간을 즐길 수 있어 충분히 복에 겨운 한 해의 시작이라는 생각이 들었다. 그리고 이런 현지인 친구가 곁에 있다는 사실에 새삼 감사함을 느꼈다.

매년 연말이면 그날의 추억이 떠올라 유튜브에 올린 영상을 한 번씩 찾아본다. 어쩌면 그 영상의 조회수는 전부 내가 만든 걸지도 모르겠다. 매년 꺼내볼 수 있는 특별한 추억을 선물해 준 친구와 그의 동료에게 진심으로 무한한 고마움을 전한다.

예상 밖의 동행

핑둥

샤오리우치우

푸른 바다거북 여러 마리가 눈앞을 유영하는 곳, 소류구(小琉球 샤오리우치우). 동강 페리 터미널에서 배를 타고 25~30분이면 닿는 작은 섬으로, 스쿠버 다이빙과 스노클링을 즐기는 현지인들에게 잘 알려진 여행지다.

원래 계획대로라면 이곳에서 마음 맞는 대만인 친구들을 사귀어 함께 섬을 둘러볼 생각이었다. 하지만 비수기 평일에 찾은 샤오

리우치우는 놀랄 만큼 적막했다. 거리에서는 관광객을 찾아보기 힘들었고, 곳곳의 고양이만이 조용히 나를 반겼다. 이틀 동안 묵은 게스트하우스에서는 2층짜리 건물을 혼자 전세 낸 듯 썼다. 객실에서 온갖 주책을 떨며 브이로그를 찍어도, 거실에서 한국 채널을 크게 틀어놓고 뒹굴어도 신경 쓸 사람 하나 없었다.

나름 혼자서도 잘 노는 편이지만, 샤오리우치우에서는 활동 반경이 워낙 제한적이다 보니 솔직히 심심함에 몸부림쳤다. 자전거 한 대 빌려 섬 한 바퀴를 돌 생각이었지만, 여행자 센터에서는 오르막길이 힘들 수 있다며 만류했다. 대중교통도 드문 편이고, 오토바이 운전 경험도 없기에 무작정 걷기로 했다. 숙소 근처를 맴돌며

이토록 다정한 대만이라니

셀프 타이머로 수십 장, 수백 장의 사진만을 찍어댔다.

그러다 문득 이렇게 하늘이 뻥 뚫린 섬에 와서 해 지는 모습을 한 번도 못 보고 돌아가는 건 아쉽다는 생각이 들었다. 마지막 밤을 앞두고 일몰 사냥에 나서기로 마음먹었다. 구글맵 상으론 목적지가 가까워 보였지만, 낯선 섬을 혼자 걷는다는 사실에 체감 거리는 훨씬 멀게 느껴졌다. 일몰 시간에 맞추기 위해 4~5시간쯤 여유를 두고, 대낮부터 길을 나섰다.

땀을 뻘뻘 흘리며 끝이 보이지도 않는 길을 걷던 중 오토바이 한 대가 내 앞에 멈춰 섰다.

"어디 가세요?"

"일몰 보러 가요."

"제가 데려다줄게요."

짧은 대화 끝에 처음 본 사람의 오토바이 뒷좌석에 덥석 올라탔다. 평소라면 상상도 못 할 일이지만, 대만에만 오면 마음이 한없이 느슨해진다. 나중에 엄마에게 이 이야기를 했다가, 무슨 사달이 나야 정신을 차리겠느냐며 호된 꾸지람을 들었다.

다행히 그날 만난 대만인은 정말 좋은 사람이었다. 샤오리우치우에 사는 그녀는 마침 쉬는 날이라, 동네 한 바퀴를 돌던 중 나를 발견했다고 했다. 섬을 걸어 도는 무모한 인간은 나뿐이라서 더 눈에 띄었던 모양이다.

그녀의 오토바이를 타니 10분도 채 지나지 않아 일몰 명소에 도착했다. 해는 여전히 중천에 떠 있었다. 그녀는 해가 지기를 기다리는 동안 나를 섬 곳곳의 숨은 명소로 데려가 주었다. 도보 여행으로는 닿을 수 없던 풍경들이었다. 길을 걷는 외국인을 다짜고짜 불러 세워 자신의 시간을 내주는 일이 쉬운 일은 아닐 텐데, 대만 사람들이 다정한 건 익히 알고 있었지만 이렇게까지 할 줄은 상상도 못했다.

고맙다는 말의 최상급 표현이 없을까 한참 고민하다가, 결국 "씨에씨에(謝謝)"를 열 번쯤 반복하며 인사를 대신했다. 내 진심이 다 전해졌기를 바랄 뿐이다.

숙소로 돌아올 땐 버스를 탔다. 긴 배차 간격 탓에 지는 해를 여

유롭게 바라보진 못했다. 흔들리는 버스 창밖으로 주황빛 하늘을 흘려보내야 했지만, 크게 아쉽지는 않았다. 그녀와의 뜻밖의 만남이 노을보다 더 따스하고 생생한 여운을 마음 가득 남겨주었으니 말이다.

타이난의 조용한 카페에서

타이난

Tian Zaixin Cafe

　별다른 계획 없이 숙소 근처를 어슬렁거리다 우연히 한 카페를 발견했다. 타이난 기차역에서 도보로 4분쯤 떨어진 곳이었지만, 주요 관광 동선에서는 한참 벗어나 있었고 눈에도 잘 띄지 않았다. 인테리어도 소박해서 여행자가 일부러 찾아올 만한 분위기는 아니었다. 지나가던 현지인들이 가볍게 들렀다 가는 동네 카페 같았다.
　마침 커피 한 잔이 간절하던 시간대였고, 주변에 다른 선택지도

이토록 다정한 대만이라니

없었기에 망설일 새도 없이 안으로 들어섰다. 문을 열자마자 빈 바 테이블이 눈에 들어왔고, 자연스레 그 자리에 앉게 되었다. 카페에서 노트북을 할 목적이 아니라면 보통은 바 테이블에 앉는 편이다. 눈앞을 가득 채운 잔과 도구들, 그리고 커피가 내려지는 과정을 바라보는 일은 언제나 즐겁기 때문이다. 손님이 많지 않은 날이면 운 좋게 직원과 재미난 대화를 나누게 되기도 한다.

이날도 그런 운이 따르는 날이었다. 내가 한국인임을 알아챈 직원이 반가운 얼굴로 한국어로 인사를 건넸다. 내 또래로 보이던 그녀는 시원한 물 한 잔을 내밀며 조심스레 이야기를 이어갔다. 다섯 번이나 한국을 오갔을 만큼 애정이 깊다고 했고, 나도 여섯 번째로

대만에 왔다며 흥분한 마음을 내비쳤다. 이후엔 마치 누가 더 좋아하나 겨루기라도 하듯, 서로의 나라를 향한 애정 표현이 쉴 새 없이 오갔다.

그녀는 일주일 전 한국에서 사 온 딸기맛 아몬드를 접시에 담아 내게 건넸다. 덕분에 한국의 딸기맛 아몬드를 대만에서 처음 맛보게 되었고, 우리는 그 사실이 어쩐지 아이러니하게 느껴져 동시에 웃음을 터뜨렸다.

당시 카페 안의 손님은 나뿐이었고, 대화가 끝나지 않기를 바라는 마음에 제발 아무도 들어오지 않았으면 좋겠다고 생각했다. 그곳은 타이난에서 들른 첫 번째 카페였는데, 솔직히 말해 커피 맛은

이토록 다정한 대만이라니

잘 기억나지 않는다. 하지만 그녀와 나눈 유쾌한 대화는 지금도 종종 입꼬리를 올리게 만든다.

사실 그날 그녀와 저녁 식사도 함께하고 싶었는데, 마침 춘절 연휴가 시작되는 시기였다. 가족과 보내야 할 시간을 방해하고 싶지 않아, 조용히 마음을 접었다. 기회가 된다면 또 보자며 인스타그램 아이디만 주고받고 헤어졌다.

몇 년 뒤, 그녀가 타이난에 다시 온 내게 보낸 메시지는 야시장에서 원주민 바비큐(原住民烤肉)를 꼭 먹어보라는 짧은 권유뿐이었다. 그녀가 석 달 뒤 한국을 다시 방문할 예정이라는 것도 알고 있었지만, 나도 그 여행에 대해 더 묻지 않았다. 몇 번이고 다시 만날 수는 있었지만, 누구도 먼저 보자고 하지 않았다.

그렇다고 해서 그날 나눈 시간이 과장된 웃음이었다고는 생각하지 않는다. 모든 마음에는 그 나름의 때가 있다. 더 이어질 인연이라면 애써 붙잡지 않아도 언젠가 길 위에서 다시 마주치게 되지 않을까 싶다.

기차역 앞 낡은 게스트하우스에서

타이난

올드 맨 캡틴 호스텔

여행지에서 호텔을 가장 선호하는 편이다. 외출 준비를 할 때마다 시끄럽지 않을까 신경 쓰는 것이 싫고, 화장실을 사용할 때마다 냄새나지 않을까 눈치 보는 것도 싫어서이다. 하지만 예산이 빠듯할 때면 어김없이 게스트하우스를 찾게 된다. 새로운 인연에 대한 작은 기대도 품은 채 말이다.

물론 여행지에서 마음에 맞는 친구를 사귀는 일은 생각보다 쉽

지 않다. 그래서인지 타이난에서 머물렀던 한 게스트하우스는 유
독 남다른 기억으로 남아 있다. 타이난 기차역 바로 앞 편의점과
연결된 낡은 건물에 자리한 숙소였다. 12인 혼성 도미토리였고, 춘
절 시즌이라 시설 상태에 비해 숙박비도 저렴하지 않았다. 처음엔
내키지 않아 2박만 예약했는데, 아쉬움에 끝내 2박을 더 연장했다.
곳곳에 세월의 흔적이 묻어나 있었고, 크고 작은 불편함도 피할 수
없었다. 그럼에도 이곳에 계속 머물렀던 이유는 바로 이곳의 분위
기 때문이었다.

첫날 밤, 라운지 구석에 앉아 있던 내게 사장님이 다가와 다른
게스트들과 게임을 해보라며 권했다. 초반엔 손놀림이 어색하고
쑥스러워 말을 아꼈지만, 시간이 조금 지나자 웃으며 자연스럽게

대화에도 낄 수 있었다. 그날 이후 매일 저녁이 기다려지기 시작했다. 타이난의 볼거리, 먹거리를 뒤로 하고 해가 지기 시작하면 서둘러 숙소로 향했다.

숙소에서는 요일마다 테마가 다른 교류 모임이 열렸다. 칵테일이나 과일을 나눠 먹으며 새로운 사람들과 이야기를 나눴다. 다 같이 핸드드립 커피 클래스에 참여하기도 했다. 춘절 시즌이라 대부분이 현지인이었고, 덕분에 5개월 동안 배운 중국어도 맘껏 써볼 수 있었다. 서툰 발음을 듣고도 모두가 친절하게 받아줘서, 기죽지 않고 대화를 이어갈 수 있었다.

매일 밤 서로의 일과를 나누는 루틴이 형성되며 그 안에는 늘 작은 온기가 감돌았다. 찬 바람이 불던 어느 날, 평소보다 일찍 숙소에 돌아온 적이 있다. 조용한 라운지에서 사장님은 혼자 뭔가를 정성스레 끓이고 있었다. 나를 발견한 그는 밥은 먹었냐고 물으며, 갓 끓인 따뜻한 국물을 내밀었다. 이처럼 누구라도 뭐든 함께 나누려는 따뜻함이 곳곳에 배어 있는 분위기였다.

이곳에서 맺은 인연들은 생각보다 오래 이어졌다. 몇몇 친구와는 지금도 인스타그램으로 소식을 주고받는다. 우천으로 취소되긴 했지만, 딸기 따기 체험에 초대받기도 했고, 계곡을 따라 물살을 거슬러 오르는 '쑤시(溯溪)'라는 이색 액티비티를 함께 즐기기도 했다. 타이베이에 살던 친구는 나와의 여행을 위해 타이중까지 두 번이나 와줬다. 우리는 오토바이를 타고 도시 곳곳을 누볐다.

여행지에서의 만남이란 대개 웃고 떠들다 다음 날이면 잊히기 마련이다. 타이난에서의 인연들은 의외로 오래 이어지고 있다. 그 이후로도 여러 게스트하우스를 찾았지만, 대부분 텅 빈 라운지 혹은 각자의 저녁에 몰두한 채 말없이 흘러가는 시간뿐이었다. 그럴 때면 타이난의 시끌벅적하고 따뜻했던 저녁이 더욱 그리워진다.

2부 대만에서 마주한 다정함

새우낚시터에서 생긴 일

핑둥

컨딩

대만에는 독특한 여가 문화인 실내 새우낚시가 있다. 주로 저녁이나 밤에 친구들과 모여 직접 새우를 낚고, 그 자리에서 구워 먹으며 시간을 보낸다. 살아보는 여행에 대한 로망이 있었던 나로서는 현지인의 일상 속으로 들어가 볼 수 있다는 점에서 꼭 한번 해보고 싶던 활동이다.

하지만 워낙 로컬스러운 장소이다 보니, 혼자서는 가볼 엄두가

이토록 다정한 대만이라니

나지 않았다. 중국어도 서툴고, 낚시의 'ㄴ'자도 모르는 내가 대만인들 사이에 섞여 어설프게 낚싯줄을 감고 있는 모습을 상상하니 부끄러움이 앞섰다.

그렇게 영영 시도하지 못할 줄 알았던 새우낚시인데, 뜻이 맞는 친구들과 함께 도전할 날이 찾아왔다. 가게에 도착하니 커다란 수조들이 놓여 있었고, 그 앞에는 몇몇 현지인이 낚싯대를 드리운 채 앉아 있었다. 역시 혼자였다면 절대 올 수 없었을, 무겁고 낯선 공기가 공간을 가득 채우고 있었다.

새우낚시는 새우의 크기나 이용 시간에 따라 가격이 조금씩 다르다. 우리는 인당 2시간에 450원짜리 코스를 선택했다. 초반에는 몇 마리 정돈 금방 낚을 것 같단 자신감에 기세등등했는데, 막상 해보니 여간 어려운 일이 아니었다. 새우들은 미끼만 쏙 빼먹고는 순식간에 도망쳤고, 간혹 줄이 팽팽해져도 우물쭈물 망설이다가 기회를 놓치기 일쑤였다. 새우를 운 좋게 낚아 올려도 혼자 힘으로는 바늘에서 떼어내지 못해 친구의 도움을 받아야 했다.

가까이서 본 새우는 긴 더듬이를 꿈틀거리며 빠르게 움직였는데, 그 모습이 왠지 바퀴벌레를 떠올리게 해 몇 번이나 소리를 지르기도 했다. 그렇게 2시간이 흘렀고, 내가 잡은 새우는 겨우 세 마리였다. 굳이 따지자면 한 마리에 한화로 6천 원이 넘는 셈이었다. 일행 다섯 명이 잡은 새우를 모두 합쳐도 21마리에 불과했다.

이토록 다정한 대만이라니

배 터지게 먹자며 초장까지 준비해 간 걸 생각하면 허무한 숫자였다. 다들 차라리 사 먹는 게 낫겠다며 허탈하게 웃었다.

바로 그때, 근처에 앉아 있던 대만인 한 명이 다가와 자신이 잡은 새우가 가득 담긴 그물망을 슬쩍 쥐여주고 돌아갔다. 갑작스러운 상황에 놀란 우리는 서로 눈치만 살폈다. 뒤늦게 상황을 파악한 뒤, 그에게 다가가 몇 번이나 고맙다는 인사를 건넸다. 그는 별다른 말 없이 자리에 앉아 낚싯줄을 드리웠고, 무심한 듯한 그 뒷모습은 오히려 모두의 마음을 더 들뜨게 만들었다.

덕분에 우리는 원 없이 새우를 구워 먹을 수 있었다. 먹는 내내 그 대만인에 대한 이야기로 테이블을 가득 채웠다. 오븐 위에서 노릇하게 익은 새우를 초장에 푹 찍어 입에 넣는데, 이날따라 새우살이 유독 달콤하게 느껴졌다. 대만인들은 어떻게 이렇게 낯선 이에게도 아무런 대가 없이 자신의 것을 선뜻 내어줄 수 있는 걸까.

내 그물에 걸린 게 고작 몇 마리의 새우였으면 어떠랴. 예상치 못한 호의에 마음이 완전히 감겨버린 하루였는데 말이다.

벚꽃을 찾아서

타이중

　한국에서는 매년 봄이면 동네만 나서도 벚꽃이 만개한 거리를 쉽게 걸을 수 있다. 굳이 유명한 벚꽃 축제를 찾아가지 않아도 된다. 그런데 타이중에서 맞이한 봄은 조금 달랐다. 거리가 이상하리만치 썰렁했다. 근방 10km 안에서는 벚꽃나무 한 그루조차 보기 힘들지 않을까 싶을 정도였다. 봄을 만끽하러 나선 발걸음이 무색할 만큼 덤덤한 풍경이었다.

이토록 다정한 대만이라니

한 번은 친구와 함께 예쁜 벚꽃나무 아래에서 인생샷을 잔뜩 찍자며 들떴던 적이 있다. 벚꽃이 많다고 소문난 공원을 찾아갔지만, 이름 모를 나무들만 듬성듬성 서 있었다. 그날 우리는 전망 좋은 카페에도 갔는데, 창 너머로 내려다본 거리에는 그 어떤 분홍빛 그림자도 보이지 않았다.

그러던 어느 날, 뜻밖에도 타이중에서 벚꽃을 볼 기회가 찾아왔다. 혼자 산책을 하던 중, 한 대만인 아저씨가 들뜬 표정으로 나를 불러 세웠다. 벚꽃이 예쁘게 피었다며 휴대폰 속 사진을 한 장 한 장 넘겨 보여주었다. 묻기도 전에 꽃나무가 있는 위치를 상세히 설명하며 주소를 휴대폰으로 꼭 찍어가라 했다. 이 순간을 나 혼자

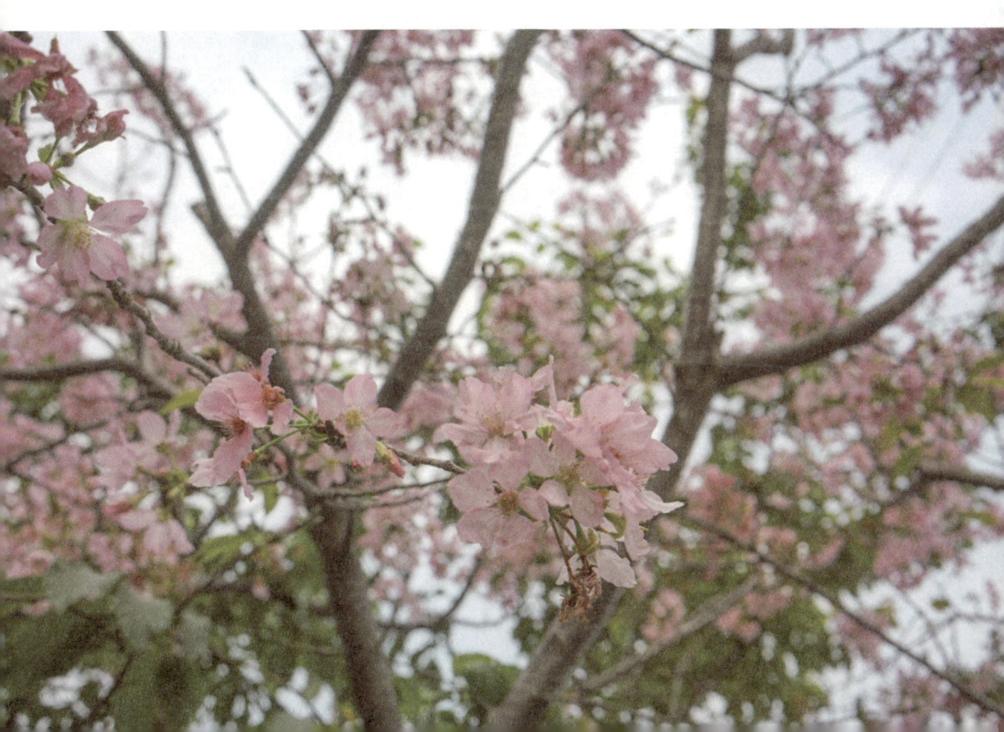

놓치게 둘 수 없다는 듯 그의 눈빛에는 진심이 가득했다. 해맑으면서도 열정 어린 설명에 제대로 홀려 분홍빛으로 이어진 골목길을 상상하며 발걸음을 옮겼다.

막상 도착한 곳은 남의 집 담장 앞이었다. 조그마한 벚꽃나무 한 그루가 전부였다. 순간 웃음이 새어 나왔다. 아이처럼 들뜬 표정으로 이 소소한 풍경을 자랑하던 아저씨의 마음이 어쩐지 귀엽고 사랑스러웠다. 혹시라도 집주인과 마주칠까 봐 조심스레 사진 몇 장을 찍고는 서둘러 자리를 떴다.

자신만 알고 있어도 충분했을 즐거움을 아낌없이 건네준 아저씨 덕분에 타이중에서도 마음이 몽글해지는 첫 벚꽃을 만날 수 있었다. 그것은 그해 내가 본 마지막 벚꽃이기도 했다. 벌써 5년도 더 지난 일이지만, 신기하게도 매년 봄이면 그날이 떠오른다. 그 어떤 벚꽃보다 화려하지는 않았지만, 이름 모를 누군가의 마음이 채워준 따뜻한 봄날로 말이다.

난터우를 닮은 사람들

　난터우는 타이중에서 버스로 어렵지 않게 닿을 수 있는 산간 지역이다. 대도시처럼 네온사인이 반짝이는 화려한 볼거리는 없지만, 그 조용함 속에 특별한 매력이 숨어 있다. 타이중에 머무르며 대만을 조금 더 여유롭게 들여다보고 싶은 사람들만이 찾는 여행지다. 한적한 자연 속에 머물고 싶을 때 나도 난터우를 종종 찾곤 한다.

평소 정해진 계획 없이 마음이 이끄는 대로 움직이는 여행을 선호하는 편이다. 몇 시에 어디를 가고, 무엇을 먹을지 미리 정하지 않은 채 '오늘은 어디에 가볼까', '지금은 뭘 해볼까' 같은 마음의 흐름에 따라 하루를 채워간다. 이런 즉흥성은 교통이 불편하고 정보가 적은 시골 마을에서는 다소 무모하게 느껴질 수 있다. 하지만 난터우에서는 오히려 그런 자유로움이 여행을 더 특별하게 만들어주곤 했다.

어느 날은 친구와 숙소 뒤쪽을 트레킹하다가 문득 노을이 보고 싶어졌다. 무작정 검색을 시작했고, 근처에 전망이 좋다는 일몰 포인트 하나를 발견해 발길을 옮겼다. 막상 도착해 보니, 그곳은 사람 하나 없는 평범한 가정집의 대문 앞이었다. 하늘 한가운데에 해가 선명히 떠 있는 걸 보니 잘못 찾아온 것은 아닌 듯했다. 마침 오토바이를 타고 나가던 집주인 아저씨께 양해를 구했고, 우리는 조심스레 남의 집 대문 앞에 삼각대를 세우고 쪼그려 앉아 노을을 기다렸다.

그날 마주한 노을은 평소 알던 것과는 사뭇 달랐다. 붉게 타오르며 물들어 가는 전형적인 모습 대신, 희고 회색빛을 띤 구름이 하늘을 지글지글 데우듯 퍼져나가며 해를 감싸안았다. 하늘이 서서히 색을 바꿔갔지만, 익숙한 주황빛도 황홀한 분홍빛도 아니었다. 무채색에 가까운 그 낯선 하늘은 지금껏 어떤 해변이나 전망대에

서 마주했던 노을보다 훨씬 더 경이로웠다.

잠시 후 돌아온 아저씨는 우리가 여전히 그 자리에 있는 걸 보더니 마당에 들어와 사진도 찍고 가라며 흔쾌히 대문을 열어주셨다. 낯선 이의 따뜻한 호의 덕분에 남의 집 마당이라는 뜻밖의 장소에서 인생 노을을 감상하는 기묘하고도 잊을 수 없는 순간이 완성되었다.

또 다른 날은 인스타그램에서 본 한 장의 사진에서 시작되었다. 반딧불이를 보고 싶은 마음에 친구들과 함께 난터우행 버스를 탔지만, 정작 반딧불이 명소까지 가는 방법은 찾을 수 없었다. 근처의 유명한 식당에 들러 가마솥에 구운 항아리 통닭을 맛보며 아쉬

이토록 다정한 대만이라니

운 마음을 달래기로 했다.

그곳에서 식당 사장님과 이야기를 나누던 중, 반딧불이를 보러 왔다가 허탕을 쳤다는 말을 꺼냈다. 사장님은 한치의 망설임도 없이 밥을 다 먹고 나면 직접 데려다주겠다고 하셨다. 그렇게 우리는 사장님의 차에 올라타 불빛 하나 없는 산길을 따라 한참을 달렸다.

도착한 그곳엔 정말로 반딧불이들이 반짝이고 있었다. 동화 속 한 장면처럼 고요하고 환상적인 풍경이었다. 하지만 그날 내 마음을 가장 간질였던 건, 그토록 그려왔던 반딧불이의 반짝임이 아니었다. 처음 본 우리를 위해 아무런 망설임 없이 시간을 내어준 사장님의 따뜻함이었다.

만약 내가 철저한 계획형 여행자였다면, 이 모든 에피소드는 생기지 않았을 것이다. 난터우만이 품은 풍경도 아름다웠지만, 결국 여행을 특별하게 만든 건 예상치 못한 순간들과 그 순간마다 조용히 마음을 내어준 난터우 사람들이었다.

진먼에서 만난 인연

중국 샤먼에서 약 6km 떨어진 진먼섬. 실제로 샤먼을 조망할 수 있을 뿐 아니라, 배를 타면 30분이면 오갈 수 있는 작은 섬이다. 대만 국내선을 처음 타보는 여정의 시작점으로 이곳을 택했다. 대중교통만으로 여행하기엔 제약이 많은 곳이었지만, 늘 그렇듯 아무런 준비도 없이 훌쩍 떠났다. 그럼에도 뜻밖의 좋은 사람들을 많이 만나, 생각보다 훨씬 알찬 여행이 되었다.

이토록 다정한 대만이라니

1) 미용실에서 만난 인연

진먼 공항에서 내려 버스를 탔는데, 방향을 잘못 들어 한참을 가버렸다. 우버가 되지 않는 지역이라 막막한 마음에 근처 미용실로 들어가 택시를 어떻게 잡는지 물었다. 그때 한 손님이 정류소에 직접 데려다주시며, 택시는 비싸니 버스를 타는 게 낫다며 가장 빠른 노선까지 친절하게 알려주셨다.

하지만 버스는 좀처럼 오지 않았고, 지쳐가던 그때 앞에 차 한 대가 멈춰 섰다. 미용실에서 스쳐 본 아저씨 두 분이 창문을 내리며 손짓을 했다. 같은 방향이라며 태워주시겠다는 말에 마음을 짓누르던 막막함이 순식간에 녹아내렸다.

2) 식당에서 만난 인연

진먼 소는 술지게미를 먹고 자란다고 한다. 고기 맛이 특별하다는 소문에 기대를 안고 들어간 우육탕 집에서 직원분은 내가 한국인인 걸 단번에 알아보셨다. 세븐틴의 팬이라며 먼저 말을 걸어오셨고, 자연스럽게 대화를 나누게 되었다. 주문하지도 않은 반찬을 특별히 챙겨주시고, 아낌없이 리필까지 해주며 살뜰히 챙겨주셨다. 덕분에 마음까지 든든해지는 식사였다. 그리고 우육탕의 맛은 기대를 훌쩍 뛰어넘었다. 진먼에서의 첫 끼였는데, 그 기분 좋은 한 끼 덕분에 이후에 먹게 될 음식들도 괜히 더 기다려졌다.

3) 바에서 만난 인연

밤이 되어 무료한 기분에 숙소 근처 바에 들렀다. 손님은 나와 두 명의 대만인뿐이었다. 조용한 분위기 속에서 자연스레 그들의 대화에 끼게 되었고, 다음 날 특별한 일정이 없다면 함께 등산을 가자고 제안받았다.

알고 보니 한 명은 진먼으로 파견 나와 3년째 살고 있는 직장인이었고, 다른 한 명은 타이베이에서 놀러 온 그의 동료였다. 그렇게 처음 본 사람들과 차를 타고 아침부터 등산을 떠났다.

이후에는 몇 주 전부터 예약해야 겨우 들어갈 수 있다는 이탈리안 레스토랑에서 근사한 점심을 대접받고, 현지인의 단골 카페까

이토록 다정한 대만이라니

지 풀코스로 안내받았다. 혼자였다면 절대 알 수 없었을 동선들이 하루 사이 내 여행 코스가 되었다. 이른 아침부터 저녁까지 함께 시간을 보낸 후, 전날 들렀던 바에 다시 앉아 커피를 마시며 일정을 마무리했다. 그중 한 명은 내가 진먼까지 와서 마화(麻花)를 못 먹어봤다는 말을 내내 마음에 담아 두었나 보다. 떠나는 날 아침, 일부러 마화 한 봉지를 사서 숙소까지 가져다주었다.

대만에서는 아무런 계획이 없어도, 실수를 아무리 해도 여행이 어떻게든 이어진다. 여행을 가장 여행답게 만드는 건 장소가 아니라, 그 안에서 마주치는 사람이라는 걸 진먼에서 다시 한 번 깨달았다.

자이시에서 온 초대장

대만에 가고 싶다는 생각을 수도 없이 했지만, 이미 한 해에 두 번이나 다녀온 터라 올해는 자제하자고 마음을 다잡고 있던 참이었다. 그런 내게 뜻밖에도 자이시 마케팅 에이전시로부터 DM이 날아왔다. 2주 뒤 자이시에서 한국인 크리에이터 대상 팸투어가 열리는데, 혹시 참가할 수 있겠냐는 물음이었다. 혹여 번거롭게 이 것저것 묻다가 기회를 놓칠까 싶어 별다른 조건을 따지지 않고 덥

이토록 다정한 대만이라니

석 수락했다. 긴 기다림 끝에 설레는 마음을 안고 그들이 준비해
준 항공편에 몸을 실었다. 동행 없이 참가한 사람이 나뿐일 줄은
미처 예상하지 못한 채로 말이다.

공항, 숙소, 버스에서 새로운 멤버가 합류할 때마다 그 옆에는
늘 동행자가 있었다. 개인적으로 혼자 여행하는 건 괜찮지만, 무리
속에서 혼자인 건 상상 이상으로 쓸쓸하다. 예전에 홀로 버스 투어
에 참여했다가 구석에서 쭈그려 시간을 보내던 것이 떠올라 걱정
이 앞섰다. 다행히 이번에는 투어 목적 자체가 달랐고, 무엇보다
쾌활하고 마음 맞는 사람들로 이루어져 금세 친구처럼 어울릴 수
있었다. 3박 4일 동안 마치 수학여행을 온 고등학생들처럼 몰려다

2부 대만에서 마주한 다정함

니며 웃고 떠들었다.

그중에는 1년 전부터 팔로우하고 있던 대만 여행 크리에이터도 있었다. 같은 테마의 계정이라 팔로우만 했을 뿐, 별다른 교류는 없었다. 참여자 명단에서 그 계정을 봤지만, 공항에서 그녀가 먼저 인사를 건넸을 땐 통역사로 착각했을 정도이다. 여자인지 남자인지, 나이가 어느 정도인지조차 알지 못할 만큼 아는 게 전혀 없었다.

그랬던 우리가 팸투어 이후 벌써 함께 온천 여행도 두 번이나 다녀왔고, 서로의 지인을 소개받고, 가족까지 알게 될 만큼 가까운 사이가 되었다. 워낙 낯을 많이 가리는 편이라 이렇게 급속도로 깊게 친해지는 경우는 드문데, 대만이라는 공통된 관심사와 비슷한 성향이 큰 영향을 끼친 것 같다.

무언가를 광적으로 좋아하다 보면, 종종 특이한 사람 취급을 받는다. 가까웠던 지인에게 내 인스타그램이 너무 과한 것 같다는 말을 들었던 게 은근 마음에 남았다. 이후 다른 자리에서 대만 이야기를 신나게 풀어놓고는, 집에 돌아오는 길에 '혹시 나만 들뜬 건 아니었을까' 후회한 적도 여러 번이다. 대만에 대한 애정을 마음껏 공유할 수 있는 친구가 있었으면 좋겠다는 바람이 마음 한켠에 크게 자리 잡았다. 자이시 팸투어는 그런 내 소망을 뜻밖에 이뤄준 셈이었다.

팸투어 내내 대만 특유의 무더위에 꽤 고생을 하긴 했지만, 일정이 느슨하게 짜여 있었고 중간중간 주어진 자유 시간 덕분에 짧은 기간에도 재미난 추억을 많이 쌓을 수 있었다. 가끔은 그녀와 우리가 이렇게까지 친해질 줄 누가 알았겠냐며, 나중에 자이시 우정 여행이라도 가야 하는 거 아니냐고 농담 반 진담 반의 이야기를 주고받는다. 그리고 평소 우리 성격을 생각하면, 그 상상이 꼭 허무맹랑한 것만은 아닐지도 모르겠다.

할아버지의 작은 카페

가오슝

허야카페

가오슝에는 가끔 떠오르는 조금은 이상한(?) 카페가 하나 있다. '허야카페(He Ya Cafe)'라는 이름을 가진 이곳은 번듯한 간판 하나 없이 오래된 가정집 한켠을 살짝 개조한 듯한 공간에 자리하고 있다. 일부러 찾지 않는다면 그냥 지나치기 딱 좋은 위치와 분위기다.

여행 중, 구글맵에 뜨는 가장 가까운 카페가 바로 이곳이었다. 더 이상 걷기엔 시간도 체력도 모두 바닥난 상태였다. 카페라기보

단 누군가의 집처럼 느껴지는 외관에 한참을 망설이다가 조심스레 문을 열었다.

커피 향 대신 구수한 국물 냄새가 먼저 코끝을 스쳤다. 국에 밥을 말아 드시던 사장님 부부와 눈이 마주쳤고, 얼떨결에 어색한 웃음을 지었다. 사장님은 급히 그릇을 치우며 들어오라는 손짓을 하셨다. 솔직히 자리에 앉고도 괜히 들어왔나 싶은 마음이 계속 밀려왔다.

가게 안에는 나무를 깎아 만든 듯한 큼직한 바 테이블이 놓여 있었다. 그 위와 선반엔 커피 도구와 자잘한 소품이 빼곡히 쌓여 있었다. 전체적으로 정신이 아득해질 만큼 어수선한 공간이었다. 하지만 사장님 부부의 부드러운 말투와 표정에 마음이 조금씩 풀리기 시작했다.

결정적으로 커피가 정말 맛있었다. 고작 200원을 냈을 뿐인데, 오마카세처럼 한 잔 한 잔 다른 커피가 계속해서 나왔다. 아이스 아메리카노를 주문하자 사장님은 먼저 원두 향을 맡아보라고 하셨고, 이어 정성스레 핸드드립으로 거품이 풍성한 커피를 내려주셨다. 커피와 거품의 비율이 1:9쯤 되어 보이는 독특한 비주얼이었다. 알고 보니 그건 시작에 불과했다.

곧 본잔이 나왔고, 아직 더 있으니 천천히 마시라며 웃으셨다. 이후 물배가 찬 듯한 내 표정을 살피더니 마지막 잔은 페트병에

이토록 다정한 대만이라니

담아 건네주셨다. 밖은 더우니 들고 다니며 갈증 날 때마다 마시고, 진하면 물을 타라며 생수도 함께 내어주셨다.

머무는 내내 사장님은 중국어와 영어를 섞어가며 다정하게 말을 걸었다. 꼭 어릴 적 이웃집에 살던 할아버지처럼 정이 많은 분이셨다. 사실 우리 동네에 그런 분은 없었지만 말이다. 이상하게 익숙하고 편안한 기분이 들었다.

좋아하는 한국인 유튜버를 보여주겠다며 사장님이 TV를 켰고, 곧 화면에는 생간 먹방 ASMR 영상이 재생되기 시작했다. 즐거워하는 사장님 얼굴을 보니 관심 없는 티를 내기도 죄송스러워, 조용히 커피를 홀짝이며 리액션을 이어갔다. 화면 가득 붉은 생간과 쩝쩝거리는 소리가 이어지는 가운데 마시는 커피는 조금 힘들었다.

그러다 내가 찐쩐꾸를 좋아한다고 말하자, 사장님은 건강에 좋다며 팽이버섯을 한 움큼 들고 오셨다. 찐쩐꾸는 대만에 사는 한국인 유튜버의 활동명이면서, 중국어로는 '팽이버섯'을 뜻하는 단어이기도 하다. 의미의 어긋남이 만들어낸 귀여운 해프닝이었다. 상황을 알아차린 사장님은 머쓱하게 웃으며 곧장 찐쩐꾸 유튜브 채널을 틀어주셨다.

이후엔 배고프지 않냐며 파인애플을 잘라 주셨고, 고급 원두라며 생두도 건네주셨다. 추운 날엔 초콜릿과 함께 씹으면 체온이 오른다며 본인의 겨울 루틴을 설명하셨다. 이야기는 어느새 불교로까지 이어졌다. 불교 관련 자원봉사자라는 사장님은 한국인인 김지장 스님에 대해 조곤조곤 설명을 이어가셨다.

친구와 이야기하다 보면 어쩌다 엉뚱한 주제로 흘러가는 순간이 있다. 이날도 딱 그랬다. 단지 커피 한 잔 마시러 들어갔다가, 어느새 현지인의 집에 초대받은 사람처럼 앉아 이런저런 이야기를 나누고 있었다. 낯설고 머쓱한 순간도 있었지만, 중간중간 스며든 다정함 덕분에 마음은 편안했다.

대만의 개인 카페에서는 사장님과 자연스레 이야기를 나누게 되는 경우가 많지만, 이곳은 그중에서도 유독 오래 기억에 남는다. 마냥 즐겁기만 했던 날보다 이렇게 어딘가 엉뚱했던 하루가 더 자주 떠오른다.

여행을 하다 보면 한 번에 마음이 가는 곳이 있는가 하면, 오래
도록 들여봐야 마음이 가는 곳이 있다. 내게 지우펀은 시간을
들여 다시 찾아야만 진짜 매력을 알 수 있는 그런 곳이었다. 그
러고 보면 여행하는 것과 사람을 사귀는 과정은 은근히 닮은
구석이 있다.

느긋함 속에 머무는 여유의 미학

무계획이 계획

타이베이에는 야경 명소로 손꼽히는 두 곳이 있다. 하나는 101 타워의 89층 전망대, 또 다른 하나는 그 근처에 자리한 샹산 전망대다. 101타워 전망대는 초고속 엘리베이터를 타고 단숨에 올라가 360도 파노라마 뷰를 즐길 수 있다. 반면, 샹산 전망대는 수백 개의 계단을 걸어 올라야 한다. 계단을 밟을 때마다 자연스레 쌍시옷 소리가 새어 나와 '샹산'이라고 불리는 것 아니냐는 우스갯소리도

이토록 다정한 대만이라니

있을 만큼 번거롭다. 하지만 그 고된 여정을 마친 후 정상에서 바라보는 101타워가 우뚝 선 타이베이의 야경은 모든 수고를 보상해준다. 이를 무료로 즐길 수 있다는 점 역시 꽤 매력적이다.

개인적으로는 샹산 전망대에서 바라보는 타이베이의 밤을 더 좋아한다. 그곳에서 밝게 빛나는 타이베이의 야경을 처음 마주했을 때, 사랑하는 사람과 이 아름다운 도시에 다시 오고 싶다는 생각으로 머릿속이 가득했다. 몇 년간 나만의 버킷리스트 중 하나였는데, 그 꿈을 이룰 기회는 생각보다 빨리 찾아왔다.

대만 여행을 앞두고 있는 사이, 여행을 좋아하는 남자친구를 사귀게 되었다. 그도 나의 일정에 맞춰 항공권을 끊었다. 늘 계획대

로 안 되는 대만이긴 해도 나름 엑셀까지 만들어 어느 정도 틀을
잡고 갔는데, 이번에는 숙소와 항공권만 예약한 채 떠났다. 극 계
획형이었던 내가 즉흥적인 성향으로 변하게 된 데에는 남자친구
의 영향이 컸다고 봐도 무방하다. 그는 외딴섬에 갑자기 떨어져도
재미있게 보낼 만큼 자유분방하고 긍정적인 사람이었다. 철저한
계획이 아니라 순간순간의 느낌을 중시하는 그와 함께하다 보니
여기는 꼭 가야 하고, 이건 꼭 먹어야 된다는 강박을 내려두게 되
었다.

우리는 4박 5일간 하루하루를 마음 가는 대로 보냈다. 배고플 때
는 블로그에 타이베이 맛집을 검색하는 대신 구글맵을 켜서 도보
5분 이내의 식당에 갔다. 당시 국내 포털 사이트에서는 찾을 수 없
는 '우유 훠궈'라는 생소한 메뉴를 맛보았다. 이후 대만에 가는 지
인들에게 무조건 추천할 만큼 홀딱 반하는 맛이었다. 햇볕이 내리
쬐는 날에는 일찍이 관광지를 도는 대신, 숙소 루프탑 수영장에서
물장구를 치며 놀다가 널브러져 휴식을 취했다. 늦은 오후가 되어
서야 끼니를 때울 겸 슬리퍼를 질질 끌고 가볍게 마실을 나갔다.
비가 보슬보슬 내리는 날에는 온천 마을에 가서 온천욕을 한바탕
즐겼다. 근처 시장에서 먹고 싶은 음식을 골라 들고 목적지 없이
걸었다. 우연히 발견한 멋진 폭포를 감상하며 여유를 만끽했다.

원래 여행이 짧으면 짧은 대로 더 알차게, 길면 긴 대로 더 체계

적으로 계획을 세웠다. 그동안은 뜻대로 흘러가지 않을 때마다 불안함이 컸는데, 무계획 속에서 뜻밖의 즐거움을 발견하는 것은 깜짝선물을 받은 듯한 짜릿함을 안겨 주었다. 계획 없는 사람을 볼 때마다 저렇게 대책 없이 무엇을 하겠느냐며 이해하지 못했는데, 그들에게는 무계획이 계획이었던 것이다. 남자친구와의 대만 여행은 새로운 시각을 갖는 계기가 되었다. 이후 혼자서도 점점 더 자유롭고 여유로운 여행을 즐기게 되었다. 이제는 '날 좋으면 샹산에 가기'와 같은 막연한 리스트만 두어 개 들고 비행기에 오른다. 여행 중 길을 잃으면, 돌아갈 길을 찾는 대신 새로운 재미를 찾아 나선다. 덕분에 예상치 못한 만남이나 장소에서 큰 기쁨을 느끼는

이토록 다정한 대만이라니

일이 잦아졌다. 남들이 짜 놓은 틀에서 벗어나 내 마음속 소리에
더 귀 기울이고, 현재를 온전히 경험하는 방법을 배워가며 나 자신
과도 더 가까워진 기분이다.

대만인들이 가장 살고 싶어 하는 도시

타이중은 대만 중부에 위치한 도시다. 대만 전역을 통틀어 1년 내내 기후가 가장 온화하고, 타이베이에 비해 물가도 저렴해 '대만인들이 가장 살고 싶어 하는 도시 1위'로 꼽히기도 했다. 타이베이, 타이난, 가오슝 등 어디든 쉽게 갈 수 있을 만큼 교통도 잘 갖춰져 있다.

이곳에서 일상과 여행의 경계를 넘나들며 약 1년을 지낸 적이

이토록 다정한 대만이라니

있다. 실제로 살아보니 '살기 좋은 도시'라는 평가에 고개가 끄덕여졌지만, 머무는 동안 큰 매력을 느끼지는 못했다. 현지인이 말하는 살기 좋은 조건과 여행자가 느끼는 매력은 분명 다르기 때문이다. 떠날 날을 받아놓고 지내는 외국인 관광객에 불과했던 나는 화려하고 자극이 넘치는 타이베이에서의 일상을 꿈꾸곤 했다. 타이중에서의 생활은 갈등도 절정도 없는 동화 속에 머무는 듯한 기분이었다. 하지만 가까이 있을 땐 몰랐던 것들이 멀어지고 나면 비로소 보이듯, 한국에 돌아와서야 타이중에서의 평범했던 하루하루가 얼마나 값진 시간이었는지 깨닫게 되었다.

타이중에는 유독 공원이 많다. 하나하나가 정성스럽게 가꿔져

127

있다. 심심할 때면 녹지 사이 동물을 구경하거나 이북 리더기를 들고 앉아 책을 읽었다. 때로는 유바이크를 타고 바람을 가르며 시원하게 달리기도 했다. 기운이 넘치는 날이면 숫자가 붙은 산책로를 도장 깨기 하듯 하나하나 가보았다. 갈수록 높아지는 난이도에 절반쯤만 완주했지만.

타이중에서 무엇보다 좋았던 건, 멀리 가지 않아도 탁 트인 하늘 아래에서 노을을 바라볼 수 있다는 사실이었다. 드라마틱한 사건은 없었지만, 주황빛으로 물든 하늘을 마음껏 마주하며 하루를 마무리할 수 있다는 건 분명한 축복이었다.

대학 시절, 홍대에서 약속이 있는 날이면 늘 제일 먼저 자리를 떠야 했다. 천안행 마지막 전철에 몸을 싣기 위해서였다. 합정에서 당산 구간을 지날 때마다 창밖으로 내다본 한강은 참으로 찬란하게 빛났다. 저 강가에 앉아 밤새도록 맥주를 마셔보고 싶다고. 언젠간 서울의 밤을 온전히 누려 보겠다고 다짐했다. 결국 서울 밤하늘을 빛내는 군단의 일원이 됐을 뿐이다. 하루가 멀다 하고 야근에 시달리는 삶이었다. 새벽이면 택시를 타고 강변북로를 거쳐 귀가했는데, 그때부터였을 것이다. 한강 위로 흔들리는 불빛이 위태롭게 느껴졌다. 꺼지지 않는 밤하늘이 마냥 멋지지만은 않다는 생각이 들었다. 마음도, 시야도 무채색으로 뒤덮인 생활이었다.

그런 내게 타이중은 색을 되찾게 해준 도시였다. 창문이 서향으

로 둘러싸인 복도식 건물에 자리를 잡았다. 작고 아담한 상가들이 옹기종기 모인 골목을 따라 거닐고, 탁 트인 공원을 드나들며, 어둡기만 했던 시야가 주황빛으로 물들어 갔다. 타이중에서의 시간은 외부의 자극에만 반응하던 내게 잔잔한 일상이 주는 소중함도 알려주었다. 크게 요란하지 않아도, 눈부시게 특별하지 않아도, 하루하루를 나만의 리듬으로 채워갈 수 있다는 것을 말이다. 세상의 소란보다 내 안의 소리에 귀를 기울이는 법을 배울 수 있었다.

타이중의 진짜 매력은 여유롭게 머물러봐야 알아차릴 수 있다. 있을 때는 흐릿했던 감정들이 시간이 흐른 뒤에 깊은 여운으로 돌아온다. 언젠가 대만에서 다시 장기로 머물 수 있는 기회가 생긴다면, 또다시 타이중을 선택할지도 모르겠다.

세계 10대 아름다운 자전거 도로, 르웨탄

난터우

르웨탄

자오우마터우

　타이중에서 버스를 타고 한 번에 다녀올 수 있는 곳을 찾다가 일월담(日月潭 르웨탄)이 떠올랐다. 이곳은 2012년 CNN 여행 사이트가 선정한 '세계 10대 아름다운 자전거 도로' 중 하나로 꼽힌 곳이다. 자전거와 자연을 좋아하는 내게는 더할 나위 없이 좋은 여행지 같았다. 더 고민할 것도 없이 숙소를 예약했고, 다음 날 아침 르웨탄행 버스에 몸을 실었다.

이토록 다정한 대만이라니

도착하자마자 가장 먼저 향한 곳은 의외로 스타벅스였다. 어디서나 쉽게 발견하는 곳이지만, 이곳에서는 조금 특별하게 느껴졌다. 아이스 아메리카노 한 잔을 앞에 두고 테라스에 앉았다. 넓게 펼쳐진 르웨탄 호수 위를 유유히 가로지르는 주황색 페리, 그리고 그 앞을 가득 채운 야자수들. 익숙한 프랜차이즈에 이국적인 정취가 겹쳐지니, 멀리 떠나왔다는 사실이 새삼 실감 났다.

본격적인 일정은 그다음부터였다. 숙소에서 받은 쿠폰을 챙겨 단돈 100원에 자전거를 빌렸다. 반나절을 오롯이 페달 위에서 보냈다. 탁 트인 호수를 곁에 두고 달리는 시간이 생각보다 더 벅찼다. 페달을 밟을 때마다 뺨을 스치는 시원한 바람에 자꾸만 웃음이 새어 나왔다. 아쉽게도 흐린 날씨 탓에 바라던 일몰은 볼 수 없었

지만 말이다. 저녁엔 르웨탄의 특색이 담긴 샤오족 전통요리로 식사를 마친 뒤, 시원한 타이완 비어 한 캔을 마시고 천천히 잠에 들었다.

다음 날은 더 이르게 움직였다. 새벽 다섯 시, 눈곱도 제대로 떼지 못한 채 어둠이 깔린 길 위로 자전거를 끌고 나섰다. 전날 숙소 사장님이 추천해준 일출 명소인 조무마두(朝霧碼頭 자오우마터우)로 향했다. 주변에 아무도 없는 것이 꽤나 무서웠지만, 이미 나선 길을 되돌리기엔 아쉬움이 너무 컸다. 그대로 페달을 밟아 앞으로 질주했다.

도착하니 생각보다 많은 사진작가가 커다란 렌즈를 설치한 채 조용히 자리를 잡고 있었다. 사람 하나 보이지 않아 제대로 가고 있는지 불안했는데, 모두가 최고의 명당을 찾아 이미 일찍부터 도착해 있었던 것이다. 그들 사이에 조심스레 끼어 앉아 작디작은 아이폰을 삼각대에 고정하고 타임랩스 촬영을 준비했다.

평소 식당 대기조차 버거워하는 내게 이른 새벽부터의 기다림은 꽤 낯선 일이었지만, 조금도 지루할 틈이 없었다. 하늘이 아주 천천히 색을 바꿔가는 것을 보는 재미가 있었다. 짙게 깔린 어둠이 붉게 물들고, 노란빛을 지나 푸른색으로 번져갔다. 그리고 그 위로 주황빛 해가 떠올랐다. 전날 보지 못한 일몰의 아쉬움까지 말끔히 씻겨 내려가는 풍경이었다.

하지만 일출의 절정은 생각보다 짧았다. 해가 떠오르자 사람들은 하나둘 자리를 떠났고, 주변은 금세 조용해졌다. 오히려 해가 떠오르기 전, 그 길고 조용한 기다림의 시간 속에 더 많은 아름다움이 담겨 있었던 것 같다. 정작 마음에 남은 건 떠오른 해가 아니라, 어둠을 가르며 홀로 달려온 시간, 인파 사이에서 숨죽여 해를 기다릴 때의 차가운 공기와 설렘이었다.

그 과정을 경험하지 못했다면 르웨탄은 흐린 하늘 아래 자전거만 타다 돌아온 하루로 기억됐을지도 모른다. 물론 그것도 좋은 시간이었겠지만, 이 모든 것을 경험해 본 지금은 르웨탄에 적어도 하루는 머물러야 한다고 말하고 싶다. 르웨탄을 찾는 이들이라면 잠시 멈춰 여유를 즐기고, 다시 마음껏 페달을 밟아 보았으면 좋겠다. 해가 지거나 떠오르는 하늘을 보기 위해 감내하는 그 기다림까지도, 이곳의 시간을 온전히 느껴보았으면 한다.

이토록 다정한 대만이라니

지우펀에서의 하룻밤

신베이

지우펀

　대만 여행을 다녀온 한국인이라면, 아마 99.9%가 공감할 이야기다. 아름다운 홍등 거리를 기대하고 지우펀을 찾지만, 현실은 넘쳐나는 인파에 피로감이 먼저 밀려온다. 코를 찌르는 듯한 강렬하고도 꾸릿한 취두부 냄새는 몇 년이 지나도 쉽게 잊히지 않는다. (놀랍게도 지금의 나는 그 취두부를 없어서 못 먹는 사람이 되어 있다.)

　내가 처음 지우펀을 방문했을 때도 마찬가지였다. 좁은 골목길

135

九份
九份陶笛國
おかりな
CARINA
金山
九份咖啡國
コーヒー
COFFEE
九份
九份
金山

妹
あめおちや
茶
樓
茶 金山城
コヒ-Cofé
N.T.120
小上海
咖啡茶

을 돌아다니며 쓰레기를 뒤지는 커다란 개까지 보게 되었는데, 겁쟁이로서는 정말 정신이 혼미해지는 경험이었다. 설상가상으로 버스 막차 시간을 맞추느라 제대로 구경도 못 하고 발도장만 찍고 돌아와야 했다. 그 후로 대만에 가는 지인이 있으면 지우펀은 사람 구경 외에는 할 게 없다며, 방문을 극구 말리기도 했다. 물론 대만 여행의 상징 같은 곳이라 가지 않을 사람은 없지만 말이다.

그런 내가 또다시 지우펀행 버스에 몸을 싣게 된 계기가 있다. 역시나 번잡하단 이유로 꺼려하던 펑지아 야시장을 의도치 않게 여러 번 방문하면서, 그곳의 재미를 알게 된 것이다. 쫄깃한 고구마볼을 맛볼 수 있는 노점, 저렴하지만 재료가 푸짐하게 들어간 라멘집, 골목길에 위치한 분위기 좋은 카페 등, 발길 가는 곳들이 늘어나며 오랜 편견을 거둬낼 수 있었다. 지우펀도 다시 가보면 다를 수도 있겠다는 기대감이 생겼고, 그렇게 1박 2일의 여정을 계획하게 되었다.

놀랍게도 지우펀과 여유라는 어울릴 것 같지 않던 두 단어가 그날은 꼭 한 쌍처럼 느껴졌다. 때마침 관광객이 많지 않은 시기라서 홍등 거리의 돌바닥까지 선명하게 볼 수 있었고, 걸으면서 사람들 어깨에 치일 걱정도 없었다. 지우펀의 상가는 7시쯤이면 하나둘씩 문을 닫는다. 버스 막차도 끊길 무렵이라 주변이 급격히 조용해지는데, 그날은 폭우까지 내려 거리를 온통 전세 낸 듯한 기분이었다.

이토록 다정한 대만이라니

유명한 찻집에서 혼자서는 좀처럼 앉기 힘든 테라스석에 운 좋게 자리도 잡았다. 산으로 둘러싸인 풍경 속에서 가로등 몇 개만 희미하게 빛나는 모습은 화려한 타이베이 야경과는 또 다른 매력이 있었다. 차를 내려 마시며 붉은 홍등 사이로 뚝뚝 떨어지는 빗물을 바라보았다. 쌓여 있던 근심이 모두 씻겨 내려가는 것만 같은 밤이었다.

내 발소리와 빗소리만 들리는 텅 빈 홍등 거리를 걸어보고, 홍등 밑에서 빗물을 바라보며 느긋하게 차 한 잔을 즐겨보고, 맑은 공기를 들이마시며 아침 산책을 해본 덕분에 이전과는 다른 지우펀의 여유를 알게 되었다. 이제는 대만을 여행하는 지인들에게 하룻밤 머무르며 지우펀의 한산한 낮과 밤을 모두 경험해 보라고 권하고 있다.

여행을 하다 보면 한 번에 마음이 가는 곳이 있는가 하면, 오래도록 들여봐야 마음이 가는 곳이 있다. 내게 지우펀은 시간을 들여 다시 찾아야만 진짜 매력을 알 수 있는 그런 곳이었다. 그러고 보면 여행하는 것과 사람을 사귀는 과정은 은근히 닮은 구석이 있다.

페달을 밟으면 보이는 것들

지인들이 대만에 뭐가 유명하냐고 물으면 망설임 없이 자전거를 타보라고 권한다. 대만은 흔히 미식의 천국으로 알려져 있지만, 이곳을 깊이 있게 느낄 수 있는 가장 좋은 방법은 자전거라고 생각한다.

대만은 자전거 산업과 문화가 매우 발달해 있는 나라다. 자이언트(Giant), 메리다(Merida) 같은 세계적인 브랜드의 본사가 자리하

고 있으며, 스페셜라이즈드(Specialized), 트렉(Trek) 같은 미국 브랜드의 상당수 제품도 대만에서 생산된다. 잘 정비된 도로와 도시를 연결하는 자전거 인프라, 자연을 따라 흐르는 코스들까지 자전거를 탈 수밖에 없는 환경을 갖추고 있다. 그래서인지 현지 온라인 커뮤니티에는 환도 자전거 여행 후기가 끊임없이 올라온다.

물론, 외국인에게 여행지에서 자전거를 타는 일은 낯설게 느껴질 수도 있다. 하지만 타이베이, 타이중, 가오슝 같은 주요 도시에는 '유바이크(YouBike)'라는 공유 자전거 시스템이 잘 갖춰져 있다. 짧게 머무는 여행자도 이 노란 자전거에 이지카드를 대기만 하면 도심과 자연을 자유롭게 달릴 수 있다.

나는 대만에 머물 때면 늘 유바이크부터 찾는다. 정해진 목적지 없이 페달을 밟고 달리는 시간이 유독 특별하게 다가온다. 타이중의 메이플 가든과 국가 가극원 근처에서 반짝이는 고층 빌딩들을 바라보며 도시를 헤집듯 달렸던 어느 밤도 그중 하나다. 그날 무엇을 먹었고, 무엇을 했는지는 어렴풋하지만, 그때의 풍경과 기분은 또렷하게 남아 있다.

조금 여유가 있는 날에는 작정하고 도시 근교로 나가 자전거 여행을 즐긴다. 르웨탄 호수 자전거길에서는 길게 펼쳐진 호수를 바라보며 천천히 달렸다. 달리는 방향에 따라 전혀 다른 호수의 풍경을 마주할 수 있었다. 허우펑 자전거 도로에서는 긴 터널과 철교, 오래된 와이너리를 지나며 눈앞에 다채로운 풍경이 이어졌다. 달리다 지치면 잔디 위에 돗자리를 깔고, 미리 준비한 간식을 꺼냈다. 한참을 누워 하늘을 멍하니 바라보다가 다시 페달을 밟았다.

자전거를 타고 달리다 보면 그동안 보이지 않던 것들이 하나둘 눈에 들어온다. 같은 장소라도 걷는 것과는 다르고, 차로 스쳐 지나갈 때와도 전혀 다른 속도로 다가온다. 때로는 자전거를 타야만 닿을 수 있는 길도 있다.

페달을 밟다 주황빛으로 물든 강변을 마주하는 순간은 전망대에서 보는 노을과는 또 다른 매력이 있다. 예측하기 힘든 날씨 탓에 어떤 날은 등에 대형 드라이기가 따라붙은 듯 후덥지근하고, 또

어떤 날은 생각지 못한 시원한 바람에 절로 웃음이 난다. 그런 변
덕스러움마저 대만 자전거 여행의 묘미다. 누구에게나 열려 있는
대만의 자전거길 위에서 더 많은 사람이 자신만의 속도로 이곳을
만나보았으면 한다.

타이난에서 하루를 보낸다면

타이난

치메이 박물관

　평소 적극적으로 박물관을 찾는 편은 아니다. 타이난 여행 중 들른 치메이 박물관도 그랬다. 도심에서 떨어진 위치에 있었기에, 혼자였더라면 굳이 시간을 내서까지 가진 않았을 것이다. 친구가 가보자며 일정을 제안했을 때도 별다른 기대 없이 따라나섰다.

　하지만 막상 다녀오고 나니, 그날 가장 인상 깊었던 곳은 바로 치메이 박물관이었다. 버스에서 내려 입구 광장에 들어서자, 온통

흰색으로 칠해진 유럽풍 건축물이 시야를 가득 채웠다. 정면에는 거대한 아폴로 분수대가 물줄기를 뿜어내고 있었다. 눈을 떼기 어려울 만큼 압도적인 풍경이었다. 타이난의 로컬 골목을 빠져나와 막 도착한 참이었기에, 이곳이 과연 내가 알던 대만이 맞나 싶을 정도로 강렬한 이질감이 밀려들었다.

치메이 박물관은 치메이 그룹의 창립자가 오랜 시간 개인적으로 수집한 작품들을 바탕으로 설립되었다. 건물 외관만큼이나 내부 전시도 알차게 구성되어 있었다. 전체 소장품 중 약 3분의 1만 공개되었다고 하는데, 그 수만 해도 약 4천 점에 달하는 상당한 규모였다.

서양 예술부터 악기, 동물 표본에 이르기까지 전시 분야도 다양

했다. 예술에 대한 지식은 부족했지만, 전시실을 천천히 걸으며 오랜만에 몰입되는 기분을 만끽할 수 있었다. 낯선 작품들이 자꾸만 시선을 붙잡았고, 그 앞에 머무는 시간이 점점 길어졌다.

치메이 박물관이 특별하게 느껴졌던 건 단지 전시물 때문만은 아니었다. 주변 분위기까지 모두 하나의 경험으로 이어지는 매력이 있었다. 박물관을 중심으로 펼쳐진 넓은 정원에는 호수와 잔디밭이 어우러져 있었다. 한가로이 돗자리를 펴고 쉬는 사람들, 아이와 여유를 나누는 가족들의 모습이 한 폭의 그림을 보는 듯했다. 우리는 시간이 넉넉하지 않아 정원까지 충분히 즐기지 못했는데, 발걸음을 돌리는 순간까지도 아쉬움이 진득하게 남는 풍경이었다.

타이난에서 하루쯤 시간을 낼 수 있다면, 치메이 박물관을 여행 일정의 중심에 두길 권하고 싶다. 예술에 문외한인 내게도 박물관이 이토록 깊은 감탄을 줄 수 있다는 사실을 새삼 깨닫게 해준 곳이었으니 말이다. 이곳에서 시간을 보낼 수 있다면, 타이난의 미식은 잠시 미뤄도 괜찮겠다는 생각마저 들었다.

여행 중에도 여행이 필요한 이유

　3년 만에 국경이 열렸다. 그동안 머릿속으로만 그려오던 대만 풍경을 다시 마주할 수 있다는 생각에 마음이 설렜다. 이전까지는 매년 다녀오던 곳이었지만, 오랜만에 떠나는 만큼 보다 특별한 시간을 보내고 싶었다. 대만에 발이 닿기도 전에 벌써 돌아갈 날이 아쉬워, 무비자로 체류할 수 있는 최장 90일짜리 항공권을 예약했다. 결국 시간이 지나면서 생각이 달라졌고, 한화 16만 원의 수수

이토록 다정한 대만이라니

료를 물고 일정을 두 달로 줄여야 했다.

출발 전에는 매일 매일이 새롭고 흥미로울 줄 알았다. 현실과 기대는 꽤 달랐다. 대만 유튜브 채널을 다시 열고, 중국어 자격증 공부도 병행하며 언어 교환 모임에도 나갔다. 하루하루를 나름대로 부지런히 채워 나갔다. 하지만 여행이라기보다는 하나의 일상이 되어버린 느낌이었다. 매일 좁은 호스텔 2층 침대에서 눈을 뜨고, 무엇을 먹을지만 고민하는 나날이 반복되었다. 눈물 나게 설레던 거리 풍경은 점점 익숙해졌고, 현지인처럼 살아보겠다고 다짐했던 시간은 그저 따분한 루틴으로 변해가고 있었다.

이러한 생활에 변화를 가져다준 건 갓 사귄 대만인 친구들이었다. 아침이면 어김없이 "오늘은 뭐 할 거야?"라고 묻던 그들은 나를 매번 밖으로 이끌었다. 그 친구들 덕분에 오랜만에 진짜 여행다운 여행을 할 수 있었다. 등산을 갔다가 폭우를 만나 정자 밑에서 빗소리를 들으며 낮잠을 자보기도 했고, 비에 흠뻑 젖은 채 편의점으로 달려가 따뜻한 컵라면을 먹으며 몸을 녹이기도 했다. 타이베이 강변에서는 유바이크를 타고 붉게 물든 하늘을 따라 달렸고, 맛있는 취두부 한 판을 먹겠다며 무더위 속을 20분 넘게 걷기도 했다. 신주에서 열린 국제 연날리기 축제에서는 돗자리를 펴고 누워 하늘을 수놓은 귀여운 연들을 바라보며 한가로운 시간을 보냈다. 나 혼자였다면 시도하지 않았을 때로는 무모하고 때로는 낭만적

인 경험들이 일상을 가득 채우기 시작했다.

그 후로는 혼자 있을 때도 노트북과 책을 펴는 대신 새로운 곳을 찾아 나서는 날이 많아졌다. 인스타그램에서 우연히 본 풍경이 마음에 들어 무작정 싼디아오링이라는 동네에 가는 열차에 몸을 실었다. 인생 처음으로 대만 국내선을 타고 진먼섬에도 다녀왔다. 생산적인 무언가를 남기지 않으면 안 된다는 압박감, 철저한 계획과 효율성 중심의 습관을 하나씩 내려놓았다. 그날그날 마음이 끌리는 대로 움직였다. 그러자 하루하루가 더 짜릿하고, 순간들이 더 선명하게 남았다.

이것이 바로 여행 중에도 여행이 필요한 이유다. 아무리 새로운 곳에 있어도 같은 패턴 속에 머물면 설렘은 금세 사라진다. 여행이

이토록 다정한 대만이라니

란 단지 생활 공간을 옮기는 것이 아니다. 같은 장소라도 다르게 바라보고, 같은 길도 새로운 기분으로 걷는 것이 진짜 여행이 아닐까 싶다. 아무리 좋아하는 대만이라도 익숙함에 갇히면 따분해질 수 있다는 사실을 깨달았다. 그래서 남은 시간을 억지로 채우기보다 적당히 즐기고 돌아간 뒤, 그리워질 때 다시 돌아올 준비를 하는 것이 더 낫겠다고 판단했다.

금전적 손해까지 봐가며 예정된 여행 일수를 줄이는 건 처음인지라 아쉬움이 컸지만, 이 선택을 후회하지는 않는다. 이제는 무조건 길게 머무르는 여행은 지양하는 편이다. 비생산적이고 무모한 일에 앞장설 수 있는 마음의 여유가 생길 때쯤 또다시 비행기에 오를 것이다.

대만 소도시의 매력

이란

타이베이에서 두 달 살이를 하며, 이전엔 가볼 생각조차 없었던 이란을 어느새 네 번이나 다녀왔다. 한 번 발걸음을 들이고 나니, 가까운 거리와 부담 없는 일정, 동네마다 조금씩 다른 분위기에 자연스럽게 이끌렸다.

가장 먼저 찾았던 와이아오 해변은 기차역에서 몇 걸음만 옮기면 짙은 파도 소리와 함께 탁 트인 바다가 눈앞에 펼쳐지는 곳이

다. 현지인들 사이에선 서퍼들의 천국으로 불리지만, 해상 액티비티엔 큰 관심이 없던 나는 파도 치는 바다를 바라보며 천천히 걸었다. 푸른 바다와 검은 모래가 어우러진 이국적인 풍경에 자꾸만 시선이 머물렀다. 유독 시원한 바닷물에 발을 담그고 싶은 날 재방문했을 만큼 마음에 쏙 들어앉는 분위기였다.

자오시는 타이베이에서 버스로 약 한 시간 거리에 있는 온천 마을이다. 노천탕이 딸린 3만 원대 호스텔이 있다는 이야기를 듣고, 수건 한 장만 챙겨 무작정 떠났다. 낮에는 동네를 어슬렁거리고, 저녁에는 숙소 노천탕에 몸을 담갔다. 뜨끈한 물속에서 창밖으로 기차가 지나는 풍경을 바라보며 평온하게 하루를 마무리했다. 어

台北冰館
Mango ice
超級
芒果冰
台北冰館
宗台北獨家原味
人間美味
永春生活館
Mango ice
SOCKS 襪
高山
冷泡茶
溫泉
蕃茄切

쩐 일인지 이날 노천탕을 이용하는 사람은 나뿐이었는데, 그래서 더 여유롭던 하루로 기억에 남는다.

국립 이란 전통 예술센터는 대만인 친구의 추천으로 찾게 된 곳이다. 레트로한 건축물이 모여 있는 전통 거리 형태의 테마파크로, 수공예 상점부터 무료 공연까지 볼거리가 제법 다양했다. 일정 금액을 내면 전통 의상을 입고 스냅사진을 찍을 수도 있는데, 헤어스타일링부터 작가 촬영까지 포함된 구성이 꽤 알찼다. 비 오는 날 한 번 더 찾았는데, 그날도 제법 운치 있고 괜찮았다.

술을 좋아하는 친구와 함께 카발란 증류소를 둘러보기도 했다. 친구는 이날의 코스가 만족스러웠는지, 무더운 날씨에도 내내 기분 좋게 웃었다. 이어 인근 브루어리로 자리를 옮겨 시원한 맥주 한 잔으로 여운을 즐겼다. 역으로 돌아가는 버스를 기다리며, 동네에서 만난 꼬마들과 팀까지 먹고 미니 오락기를 하며 놀았을 정도니, 아마도 3박 4일 여행 중 가장 텐션이 높았던 날이 아니었을까 싶다.

이란은 주요 관광지가 빼곡히 모여 있진 않다. 자차 없이 여러 곳을 한꺼번에 돌아보기엔 다소 불편할 수 있다. 하지만 그렇기에 더 천천히, 더 가볍게 머물 수 있다. 계획 없이 걷다가 눈에 띈 동네 빵집에 들어가거나, 야외 공용 족욕탕에 발을 담그는 일처럼 소박한 순간들이 하루를 채운다. 어떤 날은 너무 심심해서 일찍 타이베이행 버스를 타기도 하고, 또 어떤 날은 그 여유로운 공기가 좋아 하루쯤 더 머물고 싶어지기도 한다.

타이베이에서 1박 2일이나 당일치기로도 충분히 다녀올 수 있으니, 대만 소도시의 조용한 매력을 느끼고 싶다면 이란만큼 좋은 곳도 없다.

새로운 시선과 이야기가 쌓이는 곳

타이베이

디화제

　타이베이에서 가장 좋아하는 곳을 꼽으라면 주저 없이 디화제를 언급한다. 디화제에 대한 첫 경험은 6년 전으로 거슬러 올라간다. 사내 복지비를 대만 관련 책을 사는 데 탕진하고, OTT에서는 대만 작품만 무한 검색하던 시절이었다. 덕분에 국내에는 잘 알려지지 않은 넷플릭스 드라마 「투 시티 투 걸스(A Taiwanese Tale of Two Cities)」도 접하게 되었다.

이 작품은 캘리포니아와 타이베이의 다다오청에 사는 두 여성이 집을 바꿔 살면서 벌어지는 이야기를 담고 있다. 개인적으로 줄거리는 큰 감흥을 주지 않았지만, 대만의 일상 및 문화를 세심하게 보여주는 점이 좋아 끝까지 보게 되었다. 극 중 다다오청의 대표 거리인 디화제가 자주 등장했는데, 회가 거듭될수록 그곳이 궁금해졌다. 주인공이 걷던 현지인들로만 북적이는 거리, 붉은 실로 인연을 이어준다고 전해지는 중매신 월하노인을 모신 사원, 그리고 특유의 멋스러운 건축물까지 모두 가보고 싶어졌다.

그렇게 처음 디화제를 찾았을 때, 잠시 쉬어가려다 우연히 들어간 곳이 찻집이었다. 사실 차(茶)에는 전혀 관심이 없었지만, 커다

3부 느긋함 속에 머무는 여유의 미학

란 티팟에 담긴 차를 계속해서 우려 마시다 보니 은은한 향에 조금씩 빠져들기 시작했다. 편안한 분위기 속에서 따뜻한 차를 마시고 있으니, 여행 중 쌓였던 피로도 서서히 풀려가는 기분이었다.

찻집에서 나와 다시 발걸음을 옮기자, 디화제의 활기찬 풍경이 한눈에 들어왔다. 인도가 매우 좁았는데, 건어물과 견과류를 가득 올려둔 좌판까지 빼곡히 늘어서 있어 걷기가 쉽지 않았다. 하지만 눈이 마주칠 때마다 물건을 권하기보다 조용히 미소 지어주던 상인들의 따스함 덕분에 그 길이 마냥 불편하지만은 않았다. 번잡함 속에서도 유난히 포근했던 기억으로 남아 있다.

그 후로도 타이베이를 방문할 때면 버릇처럼 디화제에 들르고 있다. 감각적인 기념품 숍과 세련된 카페가 하나둘 들어서며 관광객이 늘어났지만, 디화제 특유의 감성은 여전히 살아 있다. 대만 사람들은 건물이 낡았다고 쉽게 허물지 않는다. 디화제의 상가들은 이를 보다 적극적으로 받아들이는 편이다. 거리 곳곳에는 회색빛 건물들이 변함없이 자리를 지키고 있으며, 최소한의 개조만 거친 채 현대적인 쓰임을 더해가고 있다.

작년에 묵었던 숙소는 1931년에 지어진 서양식 건물을 개조한 곳이었다. 1층은 카페와 소품 가게로, 위층은 숙소로 활용되고 있었다. 머무는 내내, 전통을 지키면서도 시대의 흐름을 자연스럽게 받아들이는 그들의 가치관이 공간 곳곳에서 느껴졌다.

163

　처음에는 그저 드라마 속 배경이 궁금해 찾았지만, 갈 때마다 새로운 시선과 이야기가 쌓이는 디화제가 좋다. 우연히 찾은 찻집, 번잡한 매대 옆, 개조된 숙소 등 같은 여행지라도 천천히 시간을 들여 음미하다 보면 그때마다 다른 향과 맛이 스며든다. 6년 전 디화제의 찻집에서 우릴수록 깊어지던 차 맛처럼 말이다.

이토록 다정한 대만이라니

마음을 채우는 느긋함

처음엔 새로운 나라 도장 깨기에 맛을 들였었다. 그런데 어느 순간부터 시간과 금전적 여유가 생기면 대만행 항공권부터 끊게 되었다.

대만에서는 날씨 좋은 날 아무 카페에 들어가 2시간씩 앉아 있어도 시간이 아깝지 않다. 유명한 조식당을 찾기보다는 편의점에서 시시리 커피 한 잔과 삼각김밥으로 하루를 시작해도 전혀 아쉽

이토록 다정한 대만이라니

지 않다. 여행자들이 많이 찾는 명소는 이미 다 가본 터라 어딘가를 꼭 가야 한다는 부담이 없어서라고 생각했다. 돌이켜 보면 이는 익숙함 때문만은 아니다. 이곳 특유의 여유에 스며들어 버린 것이 더 큰 이유이다.

대만에서는 열댓 걸음이면 다 건널 것 같은 짧은 횡단보도에서도 초록불이 90초나 깜빡이는 신호등을 자주 볼 수 있다. 언제 빨간불로 바뀔지 몰라 항상 잽싸게 길을 건너던 내게는 늘 낯설기만 한 풍경이다. 대도시 속 우연히 발견한 느긋함이 좋아 1초씩 줄어드는 신호등 속 숫자를 가만히 바라보게 된다. 만약 보행자가 아닌 운전자의 입장이었다면 답답했을 테지만 말이다.

167

附設 冰品
歡迎 萬有
附設 冰品
品
汁
福

이런 여유는 대만 곳곳에서 다양한 형태로 마주할 수 있다. 과일 가게 사장님은 고작 두 개의 석가를 사는 손님을 위해 겉면을 하나씩 만져보며 오늘 먹을 것과 내일 먹을 것을 손수 골라준다. 버스 기사님은 휠체어를 탄 승객이 버스에 오르려고 하면, 차를 세우고 직접 내려와 발판을 설치하고 휠체어를 밀어 올려 준다. MRT를 기다리는 사람들은 아무리 바쁜 출퇴근 시간에도 바닥에 그려진 선을 따라 질서정연하게 줄을 선다.

얼마 전, 업무 때문에 한국과 대만에서 유행하는 디저트에 대해 조사를 한 적이 있다. 한국에서는 탕후루, 요거트 아이스크림, 두바이 초콜릿 등 한 해에도 수많은 유행템이 짧은 주기로 쏟아져 나왔다. 반면 대만에서는 딱히 요즘 유행이라고 할 만한 디저트가 떠오르지 않았다. 대만 친구들에게 물어보니 유독 인기 있는 음료 브랜드가 있기는 한데, 한 번 화제 되기 시작하면 오래도록 찾는 편이라고 했다. 몇 명에게 물어봐도 반짝하고 지나가는 디저트는 쉽게 떠올리지 못했다. 생각해 보니 국내에서는 급속도로 퍼졌다가 잊혀진 단수이 대왕 카스테라도 대만에서는 여전히 잘 팔리고 있다.

이처럼 대만의 여유는 현지인의 삶 깊숙이 스며 있다. 무엇이든 천천히, 오래도록 즐기는 습관이 자리 잡고 있다. 또한, 이곳에서는 굳이 발걸음을 재촉할 필요가 없다. 느린 신호등 앞에서도, 북적이는 시장의 과일가게 앞에서도, 복잡한 MRT역 안에서도 말이다.

느긋한 속도 속에서 오가는 질서와 정이 이 나라를 조용히 단단하게 지탱하고 있다. 그런 흐름 속에 자연스럽게 섞여 있다 보면, 조급하기만 하던 내 마음에도 어느새 브레이크가 걸린다.

그날 하루는 손에 꼽을 만큼 아름다운 기억으로 남아 있다. 머리 위로 별이 쏟아지던 우링, 파랑빛과 주황빛이 뒤섞인 하늘을 마주했던 허환산 전망대, 초록 산봉우리가 시야를 가득 채웠던 스먼산, 그리고 해발 3,158미터의 카페에서 얼어붙은 손으로 들이켰던 따뜻한 코코아 한 잔까지 말이다.

4부
가깝고도 먼 섬나라

동성혼이 가능한 나라에서

  동성연애는 팬픽에서나 볼 법한 이야기였다. 남자와 남자가 손을 잡고 거리를 걷는 모습은 있을 수도, 있어서도 안 된다고 여겼다. 적어도 26년간 만들어온 나의 작은 세계에서는 말이다. 생물학적으로 여성의 몸을 가지고 태어나 여자로 살아가고, 남자를 좋아하는 것은 당연한 일이었다. 그런 환경에서 학습되어 왔기에, 다름을 받아들이는 데에는 꽤 긴 시간이 걸렸다.

처음 생각이 흔들리기 시작한 건 대만의 한 웹사이트에서였다. 온라인 쇼핑몰에 가입하던 중 성별을 선택하는데, 평소와는 다른 부분을 발견했다. 두 가지여야 할 항목이 남성, 여성 그리고 기타로 나뉘어 있었다. 특이하다는 생각에 기타가 의미하는 바를 찾아본 기억이 난다. 그로부터 얼마 지나지 않아 대만에 방문하게 됐다.

숙소 근처 공원에 앉아 있는데, 예사롭지 않은 분위기의 두 남성을 보았다. 혹시나 눈이라도 마주칠까 봐 아무렇지 않은 척했지만, 속으로는 못 볼 것을 보기라도 한 듯 호들갑을 떨었다. 이 상황이 특별하지 않다는 것을 깨닫는 데는 그리 오랜 시간이 걸리지 않았다.

대만은 성 정체성과 성적 지향성에 대해 매우 자유로운 나라였다. 무지개 문양이 담긴 PPT로 자신을 소개하는 선생님이 수업을 하고, 남자인 친구와 남자 이상형에 대해 자연스럽게 이야기를 나눌 수 있는 곳이 바로 대만이었다. 더 나아가, 트랜스젠더가 장관직에 임명되고, 드래그 퀸이 총통 집무실에서 공연을 펼치는 나라이기도 했다. 당연하다고 믿었던 많은 것이 사실은 그렇지 않을 수도 있다는 깨달음은 신선했다. 대만에 대한 관심이 깊어질수록 내 가치관도 조금씩 변화하기 시작했다. 보다 적극적으로 그들이 사는 세상 속으로 들어가 보고 싶다는 마음이 생겼다.

그렇게 아시아 최대 규모의 LGBT 프라이드 행사인 Taiwan LGBT Pride에 참여하게 됐다. 대만 정부가 아시아 최초로 동성혼을 합법화한 해였다. 약 20만 명이 넘는 역대 최대 인원이 행사에 참여했다고 한다. 대도시에서 열리는 대규모 행사인 만큼 반대 세력의 저항이 걱정되었지만, 우려와는 달리 현장은 평화롭고 유쾌한 분위기로 가득했다. 부모들도 아이들의 손을 잡고 축제를 즐겼다. 소니, GAP, 호텔스닷컴 같은 세계적인 기업들까지 거리 퍼레이드를 하며 목소리를 보탰다.

나 역시 그들과 함께 하며 다름을 일차원적으로 이해하는 것을 넘어, 진심으로 하나가 되는 경험을 할 수 있었다. 예전에는 대만이 왜 좋냐는 질문에 친절한 사람들만을 떠올렸다. 이제는 대만인들의 열린 사고방식 또한 대만을 사랑할 수밖에 없는 커다란 이유가 되었다. 개개인의 선택을 존중하는 사회 분위기와 남들의 시선에 얽매이지 않는 현지인들의 당당한 모습이 깊은 인상을 남겼다. 성 정체성과 성적 지향성에서 자유로운 사회도 큰 부분을 차지한다.

대만에 대해 관심을 갖지 않았더라면, 여전히 LGBT를 다른 것이 아닌 틀린 것이라 여겼을지도 모른다. 예전의 내가 그랬던 것처럼 많은 이들이 오랫동안 품어온 성 고정관념을 하루아침에 없앨 수 없다는 것을 안다. 그래도 오늘보다 나은 내일, 내일보다 더 나은 모레가 오면 좋겠다.

우리가 진정으로 관심을 가져야 할 것은 서로의 다름이 아니다. 그 다름을 이상하다고 느끼게 만드는 사회적 구조다. 한국에서 중

국어를 가르치고 싶어 하면서도 "내가 게이라는 걸 알면 한국인들은 대부분 싫어하겠지?"라며 쓸쓸하게 웃던 선생님, "다른 한국인한테는 말한 적 없는데 너한테만 알려줄게"라며 조심스레 커밍아웃했던 친구가 이따금 떠오른다. 다음에 또 누군가 나에게 비슷한 이야기를 털어놓는다면, 그때는 조금 더 희망찬 반응을 해줄 수 있기를 바란다.

이토록 다정한 대만이라니

지진으로 멈춰버린 1999년

타이중

921 지진교육원구

　일상 속 소소한 재미 중 하나는 구글맵에서 아직 가보지 않은 여행지를 탐색하는 일이다. 심심할 때면 침대에 누워 두 손가락으로 휴대폰 화면을 확대하고 축소하며, 대만 곳곳의 숨겨진 장소들을 찾아 저장한다. 그렇게 '언젠가 꼭 가야지' 마음속에 담아두었던 장소 중 하나가 바로 921 지진교육원구였다.

　하지만 실제로 이곳을 찾게 된 건 이미 여러 여행지를 다닌 뒤

더 이상 새로운 곳이 없다고 느껴질 때쯤이었다. 오토바이로는 40분도 채 걸리지 않는 거리였지만, 버스를 타면 두 시간 가까이 걸릴 만큼 교통이 불편한 곳에 자리하고 있었기 때문이다.

이곳은 본래 중학교가 있던 부지였다. 1999년 9월 21일 새벽, 대만 중부를 강타한 규모 7.3의 강진이 중학교를 순식간에 무너뜨렸다. 운동장 동쪽 절반이 솟구쳐 오르고, 교실 여러 동이 형체를 잃은 채 주저앉았다. 2,400명 이상이 목숨을 잃고, 11,000명 넘는 이들이 다치는 등 대만 역사상 최악의 자연재해 중 하나로 손꼽히고 있다.

이후 학교는 철거되었고, 그 자리는 당시의 피해 흔적을 보전하

이토록 다정한 대만이라니

여 지금의 921 지진교육원구가 되었다. 곳곳에 지진과 관련된 다양한 자료들이 전시되어 있었는데, 무엇보다 눈에 띄던 건 실제 솟아오른 운동장과 무너져 내린 교실을 눈앞에서 직접 확인할 수 있다는 점이었다.

한국어 설명은 없었지만, 멈춰버린 현장의 모습을 보는 것은 빽빽하게 적힌 안내문을 읽는 것보다 훨씬 더 깊은 메시지를 체감하게 했다. 전시장을 도는 내내 그날의 비극을 되새기며 다시는 이런 재난이 반복되지 않기를 간절히 바라고 또 바랐다.

모든 전시를 다 살펴본 뒤, 마침 시간이 맞아 지진 시뮬레이션 체험도 하게 되었다. 아무것도 없는 푹신한 바닥에 앉아 진동을 느끼는 체험은 생각보다 무섭지 않았지만, 실제 상황이었다면 어땠을까 하는 생각이 스치자 갑자기 마음이 숙연해졌다.

당시 타이중에 머물며 전혀 눈치채지 못했는데, 두 차례의 소규모 지진이 일어났던 소식을 나중에야 접하게 되었다. 그 이야기를 처음 들었을 땐 대수롭지 않게 넘겼다. 하지만 지진교육원구를 다녀온 뒤 또다시 큰 지진이 찾아오는 건 아닐까 하는 막연한 불안감에 한동안 마음 졸이며 지내야 했다. 안전불감증이던 내게도 지진에 대한 경각심이 생긴 것이다.

921 지진교육원구에는 어린이 단체 관람객이 유독 많았다. 지진이 잦은 나라답게 어릴 때부터 자연재해에 대한 체계적인 교육이

4부 가깝고도 먼 섬나라

이루어지고 있는 듯했다. 이제는 한국도 지진으로부터 완전히 안전하다고 말할 수 없는 만큼 많은 한국인이 한 번쯤 이곳을 방문해 보았으면 하는 바람이다.

비록 타이중의 대표 관광지들과는 거리가 있지만, 시간을 들여 일부러 찾아갈 만한 충분한 의미와 가치가 있는 장소다.

노래방에 진심인 사람들

평소에 사람들과 함께 노래방에 가는 걸 즐기는 편은 아니다. 혼자 조용히 코인 노래방에 들어가 몇 곡 부르고 나오는 정도이다. 성인이 된 이후로는, 여럿이 우르르 몰려가 흥겹게 노래를 부르던 기억도 거의 없다. 그러다 보니 다른 나라의 노래방 문화에도 별다른 관심을 두지 않고 지내왔다.

대만 길거리에서 KTV라는 간판을 자주 보았는데, 그곳이 노래방일 줄은 전혀 몰랐다. 한류 열풍이 한창일 때라 'KOREA'의 K 아니냐며 막연히 넘겨짚을 뿐이었다. 그 건물 안에 들어갈 줄은 상상도 못 했는데, 대만에서 사귄 친구들 틈에 끼여 반강제적으로 발을 들이게 되었다.

KTV의 내부는 굉장히 으리으리하여 호텔 로비를 걷는 기분이었다. 복도가 광택 나는 대리석으로 마감되어 있었고, 벽에는 샹들리에 스타일의 조명이 반짝이고 있었다. 섬세한 서비스와 여러 시설이 자연스레 시선을 끌었다. 방에 들어가자마자 단정한 유니폼 차림의 직원이 손을 닦을 용도로 물수건을 가져다주었다. 노래는 태블릿 PC를 통해 간편하게 예약할 수 있었고, 익숙한 K-POP 리

스트가 제법 많이 준비돼 있었다.

스탠드 마이크와 핸드 마이크가 함께 마련되어 있어 부르는 곡 분위기에 따라 골라 쓸 수 있었다. 우리만의 작은 공연장을 빌린 듯한 기분이 들었다. 또 하나 기억에 남는 건 방마다 화장실이 딸려 있다는 점이었다. 굳이 밖으로 나갈 필요 없을 뿐 아니라, 쾌적하게 관리가 되고 있어 좋았다.

KTV에 가면 보통 기본 4시간은 머문다고들 하던데, 우리도 시간 가는 줄 모르고 4시간을 꽉 채워 놀다 나왔다. 대만에서 친구를 사귀면서 놀랐던 문화 중 하나가 바로 이 KTV다. 한국에서는 노래방이 보통 모임의 마무리라면, 대만에서는 메인 이벤트로 여겨진다. 생일이나 연말 같은 특별한 날이면 KTV에서 모임을 여는 일이 아주 흔하다.

한 번은 친구가 자신의 생일파티를 KTV에서 한다며 초대했다. 약 15명이 모이는 자리였고, 나는 유일한 외국인이었다. 내성적인 성격에 서툰 중국어까지 겹쳐 괜히 분위기를 깨는 건 아닐까 싶어 결국 가지는 못했다. 사실 그때까지만 해도 노래방에서 여는 생일파티가 상상이 되지 않기도 했다.

며칠 후 SNS로 본 파티 사진 속 친구와 그의 지인들은 셀럽처럼 멋지게 차려입고 포즈를 취하고 있었다. 어딘가 고급바를 연상케 하는 웅장한 인테리어를 뒤로 한 채 말이다. 그 낯설고 강렬한 분

위기가 꽤 오랫동안 머릿속에 남아 떠나지 않았다.

예전에는 현지인들이 왜 그토록 KTV를 좋아하는지 잘 이해되지 않았다. 한 번 다녀온 지금은 그 마음을 어느 정도는 알 것 같다. KTV는 노래와 음식, 술이 함께 어우러져 재미가 보장된다. 사람이 많을수록 1인당 비용은 낮아지고, 시원하고 안락한 공간에서 프라이빗하게 오래 머무를 수 있으니 더없이 좋은 단체 모임 장소다.

주문 가능한 음식도 다채롭다. 우육면, 돈가스, 피자 등 웬만한 건 다 준비되어 있는데, 어떤 곳은 아예 뷔페식으로 차려지기도 한다. 식사를 목적으로 KTV를 찾는 사람도 있을 만큼 음식 퀄리티가 제법 괜찮다고 한다. 음식 맛이 떨어지면 살아남기 힘들다는 말도 있을 정도다. 우리는 이미 훠궈를 먹고 간 터라 감자튀김과 과일 위주로만 먹었지만, 그마저도 플레이팅이 화려해 기억에 남았다.

워낙 흥이 없는 탓에 다시 적극적으로 찾게 되진 않겠지만, 이 정도 시설과 서비스에 이 가격이라면 굳이 마다할 이유도 없겠다는 생각이 든다. 참고로 그날 열댓 명이 큰 방 하나를 빌렸고, 음식값을 포함해 인당 350원 정도를 지불했다.

4부 가깝고도 먼 섬나라

비 오는 날의 아리산

자이

아리산 국가 삼림 공원

아리산은 언젠가 남자친구가 생기면 꼭 함께 가보고 싶었던 마음속 작은 버킷리스트 같은 여행지였다. 아무리 기다려도 그런 날은 올 기미조차 없었다. 결국 계획을 살짝 틀어 혼자 다녀오기로 했다.

6월 초, 타이중은 체감온도 40도를 넘길 정도로 무더웠지만, 아리산은 전혀 다른 계절처럼 느껴졌다. 얇은 긴팔 티에 바람막이를

걸치면 딱 좋을 만큼 선선했다. 하늘이 짙은 비구름에 뒤덮여 있었는데, 그 때문인지 축축하게 내려앉은 공기 속에서 숲이 내뿜는 향이 더욱 진하게 퍼졌다. 그런 숲길을 걷는 것은 그 나름의 운치가 있었지만, 정작 보고 싶었던 일몰은 끝내 모습을 드러내지 않았다.

산책 중 갑작스레 쏟아진 비를 피해 근처 아리산빈관(阿里山賓館)에 위치한 50년대 카페(50年代咖啡廳)로 발길을 돌렸다. 고풍스러운 인테리어와 달리 메뉴 가격은 합리적이었다. 독특한 비주얼을 자랑하던 디저트는 생각보다 평범했지만, 카페의 따뜻한 조명 아래에서 빗소리를 들으며 보내는 시간은 꽤 만족스러웠다. 그렇게 첫날은 조용히 흘려보냈다.

4부 가깝고도 먼 섬나라

다음 날 새벽, 일출 열차를 타기 위해 일찍이 눈을 떴다. 2인 객실이었기에 핫팩을 두 개 제공받았는데, 혼자 온 덕분에 양쪽 주머니에 하나씩 넣을 수 있었다. 핫팩이 없었다면 걷기조차 어려웠을 텐데, 주머니를 가득 채우는 온기가 제법 든든했다. 싸늘한 15도의 공기를 헤치며 기차역으로 향했다.

열차에서 내리자 줄지어 선 노점이 눈에 들어왔다. 그중 한 곳에서 따뜻한 생강차와 토스트를 사 들고 일출 포인트에 자리를 잡았다. 그날은 비 소식이 없어 내심 기대했지만, 일출 시각이 다가오자 또다시 빗줄기가 쏟아졌다. 아리산까지 가는 길이 결코 쉽지 않았는데, 그토록 멋지다는 일몰도, 별도, 일출도 하나도 볼 수 없었다.

이토록 다정한 대만이라니

다른 이들은 되돌아가는 열차에 몸을 실었지만, 나는 숙소까지 걸어갈 생각에 애초에 왕복표를 사지 않았다. 아리산의 아침 공기를 조금이라도 더 오래 느껴보고 싶었기 때문이다. 숙소까지는 예상보다 훨씬 멀었다. 약 두 시간 반, 거의 2만 보에 가까운 거리였다. 사람 하나 없는 산길을 혼자 걷다 보니 무서울 때도 있었지만, 후회는 없다. 이 여행에서의 모든 허탈함을 잠재울 수 있었던 유일한 시간이었기 때문이다.

짙은 안개가 자주 끼는 만큼 아리산은 날씨 운이 없다면 선뜻 추천하기 어려운 여행지다. 그래도 새벽부터 하루를 시작해 상쾌한 바깥 공기를 마시며 걷고 또 걸었던 그 시간은 나름 괜찮은 기억으로 남았다. 물론 숙소에 돌아오자마자 그대로 뻗어 잠이 들었지만 말이다.

기차역으로 돌아가는 버스 안에서 아리산은 두 번은 무리라며 몇 번이고 생각했다. 교통도 불편했고, 여정도 결코 만만치 않았다. 이미 다녀왔던 친구가 했던 말이 자꾸 귓가를 맴돌았다.

"진짜, 아리산은 한 번이면 족해."

그래도 언젠가 남자친구가 생긴다면, 그땐 또 어떻게 될지 모를 일이다.

운수 좋은 날

화롄에서 보내는 3박 4일 여행이었다. 이번만큼은 무리하지 않기로 마음먹었다. 못 보면 못 보는 대로, 흘러가는 대로 두겠다고 생각했다.

여행의 앞선 이틀은 뜻밖의 즐거움으로 가득했다. 낯선 현지인이 권해준 또우장과 홍차의 조합을 처음 맛보며 상쾌하게 하루를 열었다. 상상 이상으로 웅장한 타이루거 협곡을 걸으며 머릿속이

이토록 다정한 대만이라니

맑아지는 듯한 감각을 느꼈다. 산책하던 중 우연히 들르게 된 뮤직 비어 페스티벌에서는 시원한 맥주를 마시며 오랜만에 들뜬 기분을 만끽했다.

별다른 기대도 계획도 없이 떠난 여행이었지만, 모든 것이 놀라울 만큼 완벽하게 흘러갔다. 대만 여행 때마다 고생한 적이 한두 번이 아니었기에, 이렇게 순조로운 여행도 가능하다는 사실이 어딘가 낯설게 느껴졌다.

셋째 날에는 즉흥적으로 화롄의 이색 스타벅스를 찾아가 보기로 했다. 버스가 제시간에 오지 않는 동네였기에 호스텔에서 자전거를 빌렸다. 마침 대만인 친구가 추천한 난빈공원(南濱公園 난빈꽁

위엔)이 가는 길목에 있어 함께 들르기로 했다.

'공원이야 다 비슷하겠지' 하던 생각은 그곳에 도착하자마자 완전히 뒤집혔다. 난빈공원은 해안선을 따라 길게 길이 조성된 곳이었다. 마치 윈도우 바탕화면 속에 들어온 듯한 풍경이 펼쳐졌다. 자전거를 타고 달리다 멈추기를 반복하며 사진을 찍고, 바다를 바라보았다. 그냥 지나쳤다면 두고두고 후회했을 만큼 인상적인 곳이었다.

스타벅스도 기대 이상이었다. 무려 29개의 컨테이너를 쌓아 만들었는데, 하나의 설치미술 작품처럼 느껴졌다. 운 좋게 명당이라 불리는 주차장 뷰 자리에 앉아 아이스 아메리카노를 마시며, 이 여행이 얼마나 완벽하게 흘러가고 있는지를 곱씹었다. 이대로 칠성담(七星潭 치싱탄) 해변에 가서 일몰까지 본다면, 이번 여행은 단 1%의 아쉬움이 없이 기억될 것 같았다.

하지만 그 기대는 오래가지 않았다. 치싱탄 해변으로 향하던 길, 하늘이 조금씩 색을 바꾸기 시작했다. 구름은 점점 짙어졌지만, 풍경은 여전히 아름다웠고 하루가 너무 완벽했던 탓에 '설마' 하는 마음으로 애써 외면했다. 돌이켜보면 이때부터 모든 것이 어긋나기 시작했다. 도로 공사로 인해 우회로를 타야 했고, 가파른 경사로를 내려가던 중 자전거 바퀴가 길턱에 걸리며 중심을 잃었다. 급히 브레이크를 잡았지만, 엄지발가락이 땅에 긁히며 살갗이 벗겨졌다.

설상가상으로 들개 두 마리가 갑자기 나타나 자전거를 뒤쫓아 왔다. 가까스로 따돌리고 안도한 것도 잠시, 이번엔 자전거 체인이 빠졌다. 다행히 근처 아파트의 경비 아저씨가 나와 수리를 도와주셨다. 이쯤에서 발길을 돌렸더라면 조금은 나았을지도 모른다. 덜컹거리는 자전거에 다시 올라타 해변으로 향한 것이 큰 실수였다.

치싱탄 해변에 도착하자마자 폭우가 쏟아졌다. 자전거 때문에 택시도 탈 수 없어, 편의점 처마 밑에서 비가 잦아들기만을 기다렸다. 한참을 기다려도 비는 그치지 않아 결국 포기한 채, 자전거를 끌고 삼십 분 넘게 빗속을 걸었다.

호스텔에 도착해 흠뻑 젖은 몸을 씻던 중, 거울을 보니 팔과 다리에 일광 화상이 붉게 번져 있었다. 시간이 지날수록 따갑고 간지러웠다. 휴대폰은 장시간 비를 맞아 홈버튼이 고장났고, 수리비로 1,000원을 들였지만 지문 인식 기능은 끝내 복구되지 않았다.

가볍게 스타벅스나 다녀오겠다는 마음으로 시작했던 자전거 여행은 28km에 달하는 고행으로 끝이 났다. 몸도, 휴대폰도, 기분도 엉망이 되었다. 침대에 누워 따끔한 피부를 문지르며, 생각했다. 이런 게 '운수 좋은 날'의 결말인가.

허환산의 새벽

난터우

허환산

중국어 교재를 펼칠 때마다 잊을 만하면 등장하던 산 이름이 있었다. 도대체 얼마나 멋진 곳이기에 그렇게 자주 언급되는 걸까 싶었다. 그 궁금증은 친구를 꼬드겨 머나먼 합환산(合歡山 허환산)까지 직접 찾아가는 계기가 되었다.

우선, 칭징농장 근처에 숙소를 잡고 여행 플랫폼에서 허환산 일출 투어를 예약했다. 숙소 앞까지 차량이 데리러 오고 다시 데려다

이토록 다정한 대만이라니

주는 서비스였다. 별빛 아래의 풍경과 함께 일출까지 감상할 수 있는 구성이라 기대가 컸다. 가격은 400원으로, 칭징농장에서 허환산까지의 거리와 교통 여건을 감안하면 그리 비싼 편은 아니었다.

새벽 2시 50분, 부스스한 정신으로 여행사 봉고차에 몸을 실었다. 어둠을 가르며 한참을 달려 도착한 첫 번째 장소는 무령(武嶺 우링)이었다. 차에서 내리자, 사방이 별빛으로 가득했다. '별이 쏟아진다'는 표현은 이런 순간을 두고 하는 거구나 싶었다. 별 하나 따는 것도 어렵지 않겠다는 생각이 들 만큼 하늘과 가까이 맞닿아 있는 느낌이었다. 출발 전날까지도 날씨 때문에 별을 볼 수 있을지 확신이 없었기에, 이 밤하늘은 그 자체로 선물처럼 느껴졌다.

이어 향한 곳은 이날의 하이라이트인 허환산 전망대였다. 몇 주

전, 아리산에서 일출을 기다리다 갑작스레 쏟아진 비에 허탈하게 발길을 돌렸던 것이 떠올랐다. 더욱 간절한 마음으로 하늘을 올려 다보았다. 거센 바람이 귓가를 파고들고, 차가운 공기가 온몸을 떨 게 했지만, 꿋꿋이 일출을 기다렸다.

어둠이 서서히 물러나며 하늘이 차례차례 색을 입어갔다. 하늘 위로 곧게 뻗어 나가는 주황빛의 결이 유독 눈부셨다. 자연이 펼쳐 낸 장대한 연출을 넋 놓고 바라볼 수밖에 없었다.

일출을 본 뒤 다른 관광객은 모두 봉고차를 타고 내려갔지만, 우리는 다른 선택을 했다. 허환산의 여러 봉우리 중 하나인 석문 산(石門山 스먼산) 트레킹 코스를 걷고, 일반 버스를 타고 하산하기 로 한 것이다. 스먼산은 편도 30분이면 다녀올 수 있는 비교적 쉬 운 코스였다.

그러나 예상치 못한 문제가 생겼다. 스먼산에서 내려온 뒤 버스 첫차까지 무려 세 시간이 남아 있었다. 근처 유일한 카페도 한참 뒤에야 문을 연다는 사실을 뒤늦게 알게 되었다.

6월 말, 타이중 시내는 한여름 더위에 숨이 턱턱 막힐 것 같았 던데, 이곳의 기온은 13도였다. 얇은 외투 하나만으로는 버티기 힘들 정도로 매서운 추위였다. 허환산이 대만에서 설경을 볼 수 있는 몇 안 되는 장소라는 말이 실감 났다.

차가운 바람을 피해 공중전화 박스 안에서 몸을 웅크린 채 시간을 버텨야 했다. 카페 문이 열리자마자 따뜻한 코코아 한 잔으로 언 몸을 녹였다. 그 후로도 1시간 반을 더 기다린 끝에 드디어 첫 차에 몸을 실을 수 있었다.

지금 돌아봐도 결코 쉽지 않은 여정이었다. 하지만 그날 하루는 손에 꼽을 만큼 아름다운 기억으로 남아 있다. 머리 위로 별이 쏟아지던 우링, 파랑빛과 주황빛이 뒤섞인 하늘을 마주했던 허환산 전망대, 초록 산봉우리가 시야를 가득 채웠던 스먼산, 그리고 해발 3,158미터의 카페에서 얼어붙은 손으로 들이켰던 따뜻한 코코아 한 잔까지 말이다.

힘들었던 만큼 오래도록 기억에 남는 값진 경험이었다.

호스텔에서 만난 중년 여성 여행자

　타이베이의 한 호스텔에서 두 달 동안 장기 투숙을 했다. 저녁이면 라운지에 앉아 다양한 여행자와 이야기를 나누었다. 때로는 그들과 함께 야시장을 가거나 산길을 걸으며 시간을 보내기도 했다. 하지만 여행자들과의 인연은 늘 한정적이었다. 그들이 짐을 싸서 떠나고 나면, 내 기억에서도 금세 멀어졌다. 그렇게 큰 미련 없이 또 다른 여행자를 만나 새로운 인연을 만들어 갔다. 짧고 반복되는

이토록 다정한 대만이라니

만남이 점점 지겹게 느껴지기 시작했고, 어느새 2층 침대 커튼을 치고 혼자 누워 있는 날이 많아졌다. 그럼에도 불구하고, 여행의 막바지에 만난 한국인 아주머니는 지금도 문득문득 떠오른다. 고작 이틀뿐이었는데도 말이다.

처음 그녀를 마주했을 때, 형형색색의 옷차림과 진한 화장이 먼저 눈에 들어왔다. 나이에 어울리지 않게 유별나다는 생각이 들었고, 내 성향과는 맞지 않을 거라 단정 지으며 자연스레 거리를 두었다. 그러던 어느 날, 라운지에 앉아 있던 내게 그녀가 먼저 다가와 말을 걸었다. 평소 같았으면 몇 마디 나누고 객실로 돌아갔을 테지만, 그날은 내려오는 눈꺼풀을 간신히 붙잡으며 대화를 이어 갔다.

그녀는 대학생인 아들과 딸을 둔 어머니였다. 얼마 전 홀로 태국 여행을 다녀온 후, 이번에는 대만으로 오게 되었다고 했다. 설레는 마음으로 여행 리스트까지 준비해 왔다는데, 그중 하나가 바로 샴푸 마사지였다. 대만의 샴푸 마사지는 풍성한 거품으로 머리를 꾸미고 인증샷을 남기는 독특한 서비스로 유명하다. 그녀는 낮에 호스텔 직원이 추천한 미용실에서 이 체험을 했다며 천진난만한 얼굴로 사진을 보여주었다.

여행 리스트에는 KTV에서 대만 노래를 부르는 것도 포함되어 있었다. 중국어를 할 줄은 모르지만, 좋아하는 노래가 있어 미리

이토록 다정한 대만이라니

가사를 외우며 연습까지 해왔다고 했다. 자신이 부를 곡이라며 휴대폰을 꺼내 검색해 보여주는 그녀의 두 눈이 반짝였다.

그녀는 호스텔에서 다양한 국적과 연령대의 사람과 소통하며, 더 넓은 세상을 경험하고 싶다고 했다. 비록 이 호스텔이 기대만큼 활기차지는 않지만, 나와 이야기할 수 있어서 좋다며 웃어 보였다. 사람을 겉모습만 보고 멋대로 판단한 내 좁은 시선과 무례함이 들킬까 봐 부끄러웠다. 얕은 미소로 얼버무릴 수밖에 없었다.

이제는 그녀가 유별난 여행자라고 생각하지 않는다. 나이에 상관없이 자신만의 삶을 열정적으로 살아가는 멋진 어른으로 기억되고 있다. 그런 사람들의 눈빛은 세월이 흘러도 쉽게 흐려지지 않는다는 것을 그녀를 통해 알게 되었다. 유쾌하고 자유롭게 살아가는 그녀의 여행담을 듣는 동안 어느새 제한된 삶 속에 스스로를 가두고 있었던 내 자신을 돌아보게 되었다. 20대에는 대범하게 저지르던 일들을 30대가 되자 이유 없이 두려워하고, 점점 더 소극적인 사람이 되어가고 있었다. 결국 중요한 건 나이나 겉모습이 아니라 마음의 열림과 삶을 대하는 태도라는 것을 다시금 깨닫게 해준 만남이었다.

이토록 다정한 대만이라니

대만이라서 가능한 일

이란

쑤아오

　알게 된 지 두 달, 개인적으로 만난 건 단 한 번뿐인 사람과 단둘이 1박 2일 온천 여행을 떠났다고 하면 대부분은 고개를 갸웃할 것이다. 이 여행은 우연히 찾아온 행운에서 시작됐다. 이벤트에 당첨되어 쑤아오의 온천 호텔 숙박권을 받았는데, 예약하려니 객실은 이미 만실이었다. 대신 소정의 금액을 추가하여 상위 객실로 업그레이드할 수 있다는데, 사진으로 본 그 객실은 혼자 다녀오기엔 아

이토록 다정한 대만이라니

쉬울 만큼 근사해 보였다.

마침 자이시 팸투어에서 만난 대만 여행 크리에이터 P와 식사 약속을 잡는 중이었다. 아직 깊은 친분은 없었지만, 일정만 맞는다면 함께 가보는 것도 나쁘지 않겠다는 생각이 들었다. 평소 낯을 많이 가리는 편이기에, 그런 제안을 먼저 하는 건 드문 일이었다. 농담 반 진담 반으로 밥 대신 온천은 어떠냐고 말을 꺼냈고, 그녀는 놀랍게도 흔쾌히 수락했다. 이렇게 전혀 예상하지 못한 조합으로 쑤아오 여행이 성사되었다.

쑤아오는 냉천으로 유명한 지역이다. 우리가 묵은 객실에도 온탕 외에 냉탕이 하나 더 있었다. 쇠 냄새와 달걀 비린내가 뒤섞인 듯한 특유의 물 냄새에 정신이 아득해졌지만, 다행히 금세 익숙해졌다. 주변에 특별히 갈 관광지가 없었고, 비까지 내려 대부분의 시간을 탕 안에서 보내게 되었다. 두 탕을 번갈아 오가며 쉬는 동안 예상보다 많은 이야기를 나눴다. 공감할 수 있는 주제가 많아 어색함 없이 대화가 이어졌다. 잠들기 전까지 침묵이 끼어들 틈조차 없을 만큼 말소리가 끊이지 않았다.

다음 날 아침에도 별다른 계획이 없던 덕분에 우리는 물속에서 이런저런 이야기를 나누며 서로에게 온전히 집중했다. 그 여행을 계기로 P와는 한층 가까워졌고, 이후 대만을 찾을 때마다 그녀와의 만남은 자연스럽게 일정의 일부가 되었다.

돌이켜보면 어린 시절 친구와 친해지는 과정도 늘 비슷했다. 누군가가 먼저 무언가를 "같이 하자"고 용기를 내는 순간부터였다. 성인이 된 후 좁아진 인간관계 속에서는 그런 제안을 하거나, 기꺼이 받아들이는 일이 점점 드물어졌다. 하지만 대만에서는 무슨 자신감인지 평소 하지 않던 말과 행동이 툭 튀어나온다. 아무래도 대만은 익숙한 일상을 비틀어 스쳐 지나가는 인연마저 새로운 관계로 이끌어주는 마법 같은 힘을 지닌 곳인 것 같다.

5년 만에 마주한 월세계

가오슝

월세계지경공원

춘절 시즌, 타이난을 여행하던 중 같은 호스텔에 머물던 대만인 여행자와 친구가 되었다. 그는 오토바이를 타고 대만을 한 바퀴 도는 중이라고 했다. 어느 날 저녁, 라운지에서 그날 다녀온 장소라며 사진 몇 장을 보여주었다. 월세계지경공원(月世界地景公園 위에스제디징꽁위엔)이라는 심상치 않은 이름만큼 사진 속 풍경도 낯설게 느껴졌다.

대만을 여러 차례 여행하며 나름 구석구석 둘러보았다고 자부
했지만, 이런 지형은 처음이었다. 거칠고 메마른 회백색 암석들이
산처럼 솟아 있었고, 그 덩어리들이 옹기종기 모여 만들어낸 풍경
은 이국적이라기보다 비현실적으로 다가왔다. 단 몇 장의 사진만
으로도 강한 인상을 남겼고, 언젠가 직접 가보리라 다짐하여 구글
맵에 저장해두었다.

그렇게 체감온도 40도에 달하던 7월의 한낮, 무모하게도 월세계
지경공원을 찾았다. 사진으로는 멀리서 바라보는 풍경이 전부였
지만, 실제로는 암석 가까이까지 다가갈 수 있었다. 회백색의 암석
표면은 달 표면을 연상케 했다. 이 독특한 지형은 오랜 세월 동안

이토록 다정한 대만이라니

빗물과 하천의 강한 침식 작용으로 진흙과 모래가 풍화되고 퇴적되며 만들어졌다고 한다. 극도로 건조한 환경에 강한 식물만이 살아남는 곳이라고 했다.

하지만 나는 더위에 유난히 취약한 인간이라 버텨내기가 쉽지 않았다. 산책로는 약 1시간 남짓이라 그리 길지 않았지만, 체감으로는 끝이 없어 보였다. 땀이 턱 끝까지 흘러내렸다. 돌아와서는 기진맥진한 채 열두 시간을 내리 잤다. 당시 일부 구역은 공사 중이라 출입이 제한됐고, 기대와 달리 암벽 위로 오를 수 없다는 사실이 작은 아쉬움으로 남았다. 한 번 본 것으로 충분하다는 생각이 들었고, 솔직히 다시 오고 싶진 않았다.

그럼에도 불구하고 그 낯설게 아름다운 풍경은 잊히지 않고 종

종 떠올랐다. 올해 3월, 공기가 한결 선선해진 시기에 또 월세계지경공원을 찾았다. 5년 만에 다시 간 공원 입구에는 세븐일레븐이 들어서 있었고, 길가 노점에서 아이스크림을 팔던 사장님은 방문객 센터 옆으로 자리를 옮기셨다. 반가운 마음에 이번에도 아이스크림을 하나 사 먹었다. 이전에도 방문했다고 하자, 사장님은 본인을 기억하고 다시 찾아와줘서 고맙다며 몇 번이고 인사를 건네셨다. 가오슝에서도 비교적 외진 텐라오 지역에서 외국인인 내가 다시 그 향수 짙은 노점 아이스크림을 맛보며 사장님과 이야기를 주고받고 있다는 사실이 묘하게 느껴졌다.

월세계지경공원 내부의 풍경은 크게 달라지지 않았지만, 덜 지

이토록 다정한 대만이라니

친 몸과 더 열린 마음으로 마주하니 전혀 다른 곳에 온 듯한 기분이었다. 같은 곳이라도 그날의 컨디션이나 마음가짐에 따라 완전히 다른 인상으로 다가올 수 있다는 걸 새삼 실감했다. 그래서 여행은 한 번의 방문으로 쉽게 단정지어선 안 되는 일인지도 모른다. 마음에 남지 않았던 장소일수록 언젠가는 다시 한 번 돌아가 볼 이유가 생긴다.

동네 주민들이 모두 모여 성대한 바비큐 잔치를 준비 중이었
다. 친구 가족은 물론이고 친척과 이웃들까지 총출동하였다.
사당 앞 마당에는 바비큐 그릴들이 다닥다닥 놓여 있었다. 그
옆엔 돼지고기, 닭고기, 소고기부터 오징어, 새우, 어묵, 소시지
까지 온갖 재료가 준비돼 있었다. 바비큐라 하면 기껏해야 돼
지고기와 소고기만 먹을 줄 알던 내게는 꽤나 신선한 충격이
었다.

5부

혀끝으로 남긴 여행

특이하고 과감한 대만 피자

대만에 오래 머물면서 여럿이서 간편하게 먹기 좋은 피자헛을 자주 주문했다. 그러다 자연스럽게 한 가지 흥미로운 점을 알게 되었다. 대만 피자헛이 유독 과감한 시도를 많이 한다는 것이다. 취두부, 두리안, 고수와 돼지피떡(豬血糕) 등 상상하기 힘든 재료들이 토핑으로 올라간다. 이런 메뉴들은 현지인 사이에서도 호불호가 크게 갈려 기간 한정으로만 판매되고 있다. 아마도 매출보다는 화

제성을 노린 마케팅 전략이 아닐까 싶다.

당시 대만 여행 브이로그를 막 시작한 시점이었다. 신선하고 자극적이며 도전적인 소재가 절실했다. 이 한정 메뉴들이 그런 역할을 하기에 딱이란 생각이 들었다. 그렇게 타피오카 펄 피자와 일본 라멘 피자를 직접 맛보기로 했다.

솔직히 평소 가리는 음식이 많지 않고 새로운 도전을 즐기는 편이라 큰 걱정은 없었다. 하지만 결론부터 말하자면, 두 메뉴 모두 두 번 먹기엔 망설여지는 맛이었다.

우선 타피오카 펄 피자는 친구도 팬케이크라고 생각하면 먹을 만하다고 했을 정도로, 처음엔 무난하게 시작했다. 취두부 냄새가 나는 것 같다며 경악한 친구도 있었지만, 그 정도는 아니었다. 그런데 세 조각쯤 먹고 나니 더 이상 손이 가진 않았다. 다 먹고 나서도 입가에 찜찜한 단내가 오래 남았다.

일본 라멘 피자는 맛있는 듯하면서도 은은한 비린내가 계속 입 안에 맴돌았다. 평소 피자를 정말 좋아하는 친구는 이렇게 맛없는 피자가 존재할 수 있냐며 믿기지 않는다는 눈치였다. 면을 반쯤만 익힌 것 같은 딱딱한 식감이었고, 마른오징어 같은 비주얼이었다. 더 맛있게 먹을 수 있을까 싶어 전자레인지에 데워봤지만, 비린내만 더 진해졌다. 그나마 쭉쭉 늘어나는 치즈를 씹으며 작은 위안을 얻을 수 있었다. 전자레인지에 데운 뒤 치즈가 들어 있었다는 걸 새삼 알게 된 것이다.

이 두 메뉴를 먹게 된 본래 목적이었던 유튜브 영상의 조회수는 꼴랑 세 자릿수에서 그쳤다. 대박을 기대했지만, 어림없는 일이었다. 맛도 없었고, 성과도 없었다. 그럼에도 앞으로도 대만 피자헛에서 또 다른 한정 메뉴가 나온다면, 언제든지 다시 도전할 마음이 있다.

앞서 언급했듯 새로운 시도를 즐기기 때문이다. 게다가 그것이 대만과 관련된 것이라면 더욱이 환영이다. 이런 경험 덕분에 지금처럼 어디 가서든 떠들 만한 에피소드 하나쯤은 남지 않았나. 그 정도면 본전은 뽑은 셈이다.

물론 한 판을 혼자 다 먹기에는 언제나 벅차다. 어쩌면 진짜 도전은 이 기괴한 피자를 맛보는 일이 아니라, 이를 함께 먹어 줄 마음 맞는 친구를 찾는 일일지도 모른다.

사당 앞에서 즐기는 바비큐

　한국의 추석과 대만의 중추절은 시기가 겹친다. 두 날 모두 가족과 함께하는 큰 명절이라는 점에서 닮아있다. 나는 종종 그 시기를 이용해 가족으로부터 멀리 떨어진 대만으로 날아가지만 말이다.

　2년 연속 대만에서 중추절을 맞이했다. 첫해엔 모든 게 새로웠다. 걷다 보면 주택가 대문 앞이나 상가 앞에서 삼삼오오 모여 고기를 굽는 현지인들을 쉽게 볼 수 있었다. 바비큐는 보통 식당이나

집 안에서 먹던 내게 거리나 골목에서 고기를 굽는 모습은 신기하면서도 낯설게 다가왔다. 친구와 나는 도대체 무슨 광경인가 싶어 힐끗거리며 지나쳤다. 그렇게 몇 번을 보다 보니 그것이 대만 사람들에겐 아주 일상적인 중추절의 모습이라는 걸 알게 되었다.

처음엔 저렇게 불편하게 앉아 어떻게 식사를 하나 싶었다. 하지만 코끝을 간질이는 고기 냄새, 곳곳에서 터지는 웃음소리에 점점 부러움이 밀려왔다. 친구에게 우리도 슬쩍 끼면 안 되겠냐는 우스갯소리를 하다가, 비슷한 기분이라도 내보자며 캔맥주와 꼬치를 사서 호텔로 돌아왔다. 물론 전혀 비슷하지 않았다.

그렇게 중추절 바비큐는 그저 남의 이야기인 줄로만 알았다. 다

이토록 다정한 대만이라니

음 해, 현지인의 바비큐 파티에 초대받게 될 줄은 꿈에도 몰랐다. 1년 사이, 내게도 대만인 친구가 생긴 것이다. 중추절을 앞둔 주말, 그 친구는 자기 동네로 나를 초대했다. 친구 집 앞에서 그녀의 가족과 둘러앉아 바비큐를 굽는 모습을 상상했다.

하지만 그녀는 나를 끌고 집 근처 사당 앞으로 데려갔다. 그곳에서는 동네 주민들이 모두 모여 성대한 바비큐 잔치를 준비 중이었다. 친구 가족은 물론이고 친척과 이웃들까지 총출동하였다.

사당 앞 마당에는 바비큐 그릴들이 다닥다닥 놓여 있었다. 그 옆엔 돼지고기, 닭고기, 소고기부터 오징어, 새우, 어묵, 소시지까지 온갖 재료가 준비돼 있었다. 바비큐라 하면 기껏해야 돼지고기와 소고기만 먹을 줄 알던 내게는 꽤나 신선한 충격이었다.

더 놀라웠던 건 구운 음식을 상추 대신 식빵에 싸 먹는 방식이었다. 어울릴까 싶었지만, 생각보다 맛있었다. 그러고 보니 대학생 때 집 근처에서 팔던 삼겹살 토스트도 무척이나 좋아했었다. 식빵이라 몇 개만 먹어도 금세 배가 불러오는 단점은 있었지만, 친구가 끊임없이 새로운 것을 내 앞에 가져다 두어 젓가락을 손에서 뗄 틈이 없었다.

당시 나는 중국어를 전혀 하지 못했는데, 한국어를 능숙하게 하는 친구가 중간 다리 역할을 해주어 그녀의 가족과 맥주를 기울이며 짧은 대화도 나눌 수 있었다. 새로운 사람들을 만나고 현지인의 일상을 함께하는 경험도 좋았고, 우리 집은 명절을 점점 간소하게 보내는 편인데 오랜만에 왁자지껄한 명절 분위기를 느낄 수 있었던 것도 참 좋았다.

그나저나 대만 사람들은 왜 중추절에 바비큐를 먹는 걸까? 궁금증을 안고 집에 돌아와 찾아봤다. 중추절 바비큐 문화의 유래에는 여러 설이 있지만, 가장 널리 알려진 건 1980년대 바비큐 소스 브랜드 만가향(萬家香)에서 방영한 광고 덕분이라는 것이다.

'한 집에서 굽는 바비큐 냄새가 만 가구로 퍼진다(一家烤肉萬家香)'라는 슬로건 아래 사람들이 함께 바비큐를 즐기는 모습을 담은 이 광고가 큰 인기를 끌었다. 이후 여러 업체가 바비큐 소스 판촉에 나서면서 대만 전역에 바비큐 문화가 빠르게 퍼져나갔다고 한다. 광고 화면이 대만 전역을 움직였다는 사실이 놀라우면서도, 어쩐지 고개가 끄덕여지는 풍습이었다.

이토록 다정한 대만이라니

대만 과일에 관한 단상

1) 애플망고

맛있지만 너무 비싸 임신했을 때 처음이자 마지막으로 먹어봤다는 언니의 말을 듣고 괜히 더 궁금해졌다. 대만에서는 좀 더 저렴하지 않을까 하는 기대를 품고 과일가게를 어슬렁거렸다. 진열대 위, 색감만으로도 시선을 사로잡는 붉은 과일 하나를 가리키며 조심스럽게 입을 뗐다.

"這是蘋果芒果嗎？(이거 애플망고 맞나요?)"

사과를 뜻하는 핑궈(蘋果)와 망고를 뜻하는 망궈(芒果)를 조합해 중국어를 완성했다. 사장님은 듣도 보도 못한 과일이라도 되는 듯 당황한 기색을 보였다. 순간, 눈앞의 과일보다 붉어지려는 얼굴을 급히 숨기고 휴대폰을 꺼내 애플망고 사진을 찾아 보여드렸다. 그제야 사장님의 반가운 제스처를 얻어낼 수 있었다.

그렇게 28년 만에 처음 손에 쥔 애플망고는 기대 이상이었다. 한 입 베어 무는 순간, 과즙이 터지며 입고 있던 흰 티셔츠를 노랗게 물들였지만, 표정 하나 일그러지지 않았다. 오히려 입가에 노란 미소가 가득 번졌다. 입안에서는 부드러운 과육과 짙은 단맛이 폭죽

이토록 다정한 대만이라니

처럼 퍼졌다.

참고로, 애플망고의 진짜 중국어 이름은 아이원망궈(愛文芒果)다.

2) 파인애플

불호가 없을 것 같은 피자도 '하와이안'이라는 네 글자가 붙는 순간 이야기가 달라진다. 파인애플로 왜 장난을 치냐는 말과 함께, 맛있던 보이던 피자는 금세 별 볼 일 없는 밀가루 덩어리가 되어버린다. 나에게 파인애플은 그저 하와이안 피자 위에 얹힌 조그마한 큐브 조각이 전부였다. 입맛 까다로운 무리에 끼여 살다 보니, 그마저도 쉽게 접할 기회가 없었다.

하지만 대만을 오가며 사과보다 친근해진 과일이 바로 이 파인애플이다. 드라마 병문안 신에서나 보던 완전한 형태 그대로 맘껏 사 먹는다. 입에 하나씩 머금고 앉아 있다 보면 이보다 더 완벽할 수가 없다. 어쩐지 허전한 하루에 상큼한 천연 조미료를 살짝 뿌린 듯한 기분이 든다.

3) 석가

세상에, 요구르트 맛이 나는 과일이 있다고 한다. 생김새가 석가모니의 머리를 닮았다 하여 '석가'라는 이름이 붙었다. 이름도, 모양도 뭐 하나 평범한 구석이 없다.

어설프게 수저를 들고 석가를 퍼먹던 첫날이 아직도 기억난다. 27년 동안 이 맛을 모르고 지냈다는 사실이 못내 억울해지는 맛이었다. 자잘한 씨를 하나하나 발라내며, 이렇게까지 해서 먹어야 하나 싶은 회의감이 들다가도, 어느새 또 손이 간다. 하나를 다 먹는 데 시간이 꽤 걸리다 보니, 평소 잘 보지도 않던 넷플릭스까지 켜놓게 된다. 번거롭고 귀찮아 다신 안 사 먹겠다고 씩씩대다가도, 보이면 그냥 지나치기가 어렵다. 정말 징글맞게 맛있다.

이토록 다정한 대만이라니

밥심으로 완성된 타이동

타이동은 교통이 워낙 불편해 마음을 단단히 먹고서야 떠날 수 있는 여행지였다. 타이중에서 아침 일찍 출발했건만, 도착했을 때는 이미 오후 다섯 시를 훌쩍 넘긴 뒤였다.

여행의 마지막 날, 타이베이로 향하는 기차에 몸을 실었을 때도 사정은 다르지 않았다. 무려 5시간 42분 동안 좁은 좌석에 멍하니 앉아 창밖만 바라보아야 했다. 물론 더 빠른 방법이 없었던 건 아

니지만, 짐이 많아 환승이 번거로운 내게는 그게 최선이었다.

한 번의 여정으로도 진이 빠질 만큼 고단한 여행이었기에, 이후로는 다시 갈 엄두조차 내지 못했다. 그런데 요즘 들어 괜히 마음이 들썩이고, 몸이 근질거린다. 타이동에 다시 가보고 싶다는 생각이 스멀스멀 올라온다.

지금 돌이켜봐도 특별히 많은 걸 한 여행은 아니었다. 미리 구글 맵에 저장해둔 장소들 중 상당수는 자차 없이는 접근이 어려웠다. 기대했던 열기구 축제도 생각만큼 역동적이지 않았다. 교통도 번거로웠고, 날씨도 만만치 않았다.

그럼에도 이 여행이 유독 좋게 기억되는 이유를 하나 꼽자면 아마도 음식 덕분이 아니었을까 싶다. 대만 여행이 길어지다 보면 느끼하고 단맛이 강한 현지 음식이 어느 순간부터는 조금씩 부담스럽게 느껴진다. 그런 시점에 만난 타이동의 음식은 하나같이 담백

이토록 다정한 대만이라니

하고 속이 편했다. 끼니때마다 별다른 계획 없이 눈에 띄는 식당에 가볍게 들어갔을 뿐인데도, 모든 게 기대 이상으로 맛있었다.

족발은 살이 야들야들하게 부드러우면서도 기름지지 않아 뒷맛이 깔끔했다. 밀가루 음식은 금세 물리는 편인데, 이곳의 김치 딴삥은 그 느끼함을 정갈하게 잡아주었다.

야시장도 남달랐다. 중부와 북부의 익숙한 야시장만 다니다가, 동부로 오니 눈에 확 띄는 음식들이 많았다. 어디서도 본 적 없는 주먹만 한 타코야끼는 속 재료가 아낌없이 꽉 차 있었고, 쫄깃한 반죽이 입안을 기분 좋게 채웠다. 워낙 좋아하는 카오야를 또띠아에 싸서 파는 노점을 본 것도 이곳이 처음이었다. 보기만 해도 군침이 돌았고, 예상대로 맛도 훌륭했다.

음식에 실패가 없으니 날씨가 궂든 볼거리가 부족하든 전혀 문제가 되지 않았다. 어디인지도 모를 골목을 걷다가 우연히 발견한 가게나 노점에 들어가 낯선 음식을 맛보는 것 자체가 즐거웠다. 머물던 곳 근처였던 타이동 츠상은 고품질 쌀로 유명한 지역이다. 그래서였을까. 이곳에서 먹은 밥은 유독 더 맛있게 느껴졌고, 덕분에 더위 속에서도 금세 기운이 돌았다.

낯선 여행지에서 가장 든든한 건 뭐니 뭐니 해도 맛있는 한 끼라는 생각이 들었다. 역시 한국인은 밥심이라는 말을 괜히 하는 게 아니었다.

뤼다오니까 가능한 조합

타이둥

뤼다오

　‘푸른 섬’이라는 뜻의 녹도(綠島 뤼다오). 이름처럼 푸릇푸릇한 자연이 짙게 배어 있는 이 섬에서는 초록빛 해초로 만든 다양한 음식을 어렵지 않게 만날 수 있다. 대만의 다른 지역에서는 쉽게 접할 수 없는 조합이기에, 기회가 된다면 한 번쯤 시도해 볼 만하다.

1) 흑당 해초 음료(黑糖海草冰沙)

뤼다오 여행을 준비하던 중 처음 알게 된 음료다. 친구랑 "이런 걸 어떻게 마셔?" 하고 웃었지만, 결국 우리 손에도 한 잔씩 들려 있었다. 대만을 여러 차례 다녀왔지만, 이 음료는 이곳 외에는 어디에서도 본 적이 없다.

선초(仙草), 코코넛 젤리, 타피오카 펄 그리고 해초까지 여러 재료가 한 컵에 뒤섞여 있다. 겉보기엔 다소 잡탕 같은 비주얼에 거부감이 들지만 의외로 중독성이 있다. 흑당의 진한 단맛이 해초 특유의 쌉쌀함을 부드럽게 감싸준다. 한 컵만 마셔도 포만감이 느껴져 입맛 없을 때 식사 대용으로 괜찮다.

개인적으로는 섬을 떠나기 직전까지도 이 음료가 계속 생각나 선착장을 빠져나와 다시 가게를 찾았을 정도다. 아쉽게도 문이 닫혀 빈손으로 돌아설 수밖에 없었지만 말이다.

2) 해초 빙수(海草冰)

뤼다오에는 해초 빙수를 파는 가게가 꽤 많다. 이곳을 찾는 여행자들 사이에선 이색 디저트로 인기다. 시원하게 갈아낸 얼음 위에 해초를 비롯해 다양한 토핑이 얹어지는데, 맛은 누구나 거부감 없이 즐길 수 있을 정도로 무난하고 달콤하다. 무더운 날씨에 특히 잘 어울리는 메뉴다. 다만 내가 먹은 빙수는 기대했던 것보다 해초의 양이 적어 조금 아쉬웠다. 기회가 된다면 해초가 듬뿍 올라간 버전으로 다시 도전해 보고 싶다.

3) 해초 딴뼁(海草蛋餅)

아침 식사를 하러 우연히 들어간 가게에서 해초 딴뼁이란 메뉴를 발견하고 덥석 주문했다. 앞서 마신 음료나 빙수보다도 해초의 풍미가 가장 짙게 느껴진 음식이었다. 쑥이나 가죽 같은 향긋한 나물류를 좋아한다면, 만족스럽게 즐길 수 있을 듯하다. 기름진 딴뼁을 입에 넣으면서도 왠지 웰빙 음식을 먹고 있다는 착각이 들었다. 먹으면 먹을수록 온몸이 초록빛으로 물들어 가는 기분이었다.

이토록 다정한 대만이라니

고짜오웨이의 도시

대만에서는 '고짜오웨이(古早味)'라는 글자가 적힌 노점이나 식당을 종종 보게 된다. 어릴 적 먹었던 음식을 떠올리게 하는 전통적인 맛을 일컫는 표현이다.

대만 여행에 발을 들인 지 약 10년. 외국인인 내게 고짜오웨이는 떠올릴 추억조차 없는 완전히 낯선 맛이지만, 이 단어를 보면 그냥 지나치지 못하는 편이다. 대개는 손이 많이 가는 방식으로 만들어지는데, 그 과정을 바라보다 보면 자연스레 발걸음이 멈춘다. 어디에서나 쉽게 맛볼 수 없는 음식이라 더 귀하게 느껴진다. 무엇보다 이런 음식은 일시적인 소비로 끝나지 않고, 현지인의 기억을 함께 거슬러 올라가는 듯한 경험을 안겨준다. 스토리 있는 대만 여행을 추구하는 나로서는 그 매력에 끌리지 않을 수 없다.

대만 전역에서 고짜오웨이를 가장 쉽게 접할 수 있는 곳을 꼽자면 바로 타이난이 아닐까 싶다. 대만에서 가장 오래된 도시인 만큼 초창기의 문화와 음식이 비교적 잘 보존되어 있다. 세대를 이어가며 예전 방식 그대로 재료를 고르고 조리하는 가게들을 곳곳에서 만날 수 있다.

타이난에서는 신식 매장에서조차 전통의 맛이 숨어 있다. 그저 예쁜 비주얼에 이끌려 들어간 한 아이스크림 가게는 알고 보니 할아버지로부터 전수받은 제빙 기술을 바탕으로 3대째 운영되고 있었다. 냉동 설비조차 드물던 시절, 작은 노점으로 시작해 지금의 가게로 자리 잡았다는 것이다. 이곳에서는 현지인들에게 추억의 아이스크림이라 불리는 알루미늄 껍질 계란 아이스크림(鋁殼雞蛋冰)을 맛볼 수 있다. 가게 앞에는 수탉 로고가 그려진 작은 아이스크림 수레가 놓여 있는데, 몇십 년 전 여름날 타이난 골목 어귀를 걷고 있는 듯한 기분을 들게 한다.

타이난에서 가장 인상 깊었던 고짜오웨이는 딴미쯔(蛋蜜汁)라는

이토록 다정한 대만이라니

음료였다. 1960~70년대 전통찻집에서 팔리던 고급 음료로, 오렌지 주스에 날계란 노른자, 꿀, 레몬 등을 넣고 흔들어 만든다. 만드는 방식이 번거로워 손이 많이 가던 만큼, 당시에 가격도 꽤 비쌌다고 한다. 날계란이 들어간다는 말에 주저했지만, 막상 마셔보니 계란 맛은 거의 느껴지지 않았다. 달달하면서도 부드러운 목 넘김에 의외의 만족감을 느꼈다. 대만에서 자주 마시던 요구르트 녹차 음료인 또또뤼(多多綠)를 떠올리게 하는 맛이었다.

전통의 도시 타이난에서 음식에 깃든 오래된 정취까지 느껴보고 싶다면, 고짜오웨이(古早味)라는 세 글자가 적힌 간판을 따라가보길 바란다. 사실 이곳에서는 어느 골목으로 발을 들이든, 세월의 흔적을 품은 가게들을 어렵지 않게 마주하게 될 것이다. 타이난에서 맛보는 한 입 한 입엔 대만 사람들의 추억이 차곡차곡 담겨 있다. 여행자의 입장에서도 그런 맛을 접한다는 건 꽤 특별한 경험이 될 것이다.

한 잔에서 시작된 취향

고량주에 데인 뒤로는 독한 술을 멀리해왔다. 그러다 5년 전, 친구 자취방에서 처음 카발란을 마시게 됐다. 얼음을 띄운 잔에 원액과 탄산수, 레몬 한 조각을 더한 하이볼이었는데, 목이 따끔하지 않고 부드럽게 넘어갔다. 이런 방식이라면 위스키도 마실 만하겠다는 생각이 들었다. 친구 집에서 함께 카발란을 마시는 날이 몇 번 더 이어졌고, 그 이름도 자연스레 기억에 남았다.

이토록 다정한 대만이라니

이후 다양한 위스키를 시도해봤지만, 결국 돌아오게 되는 건 늘 카발란이었다. 특유의 진한 오크 향과 부드러운 목 넘김이 특히 좋았다. 대만의 고온다습한 기후가 위스키 숙성에 불리하다는 인식과 달리, 카발란은 그 기후를 오히려 강점으로 삼았다. 짧은 숙성 기간 안에 캐스크의 풍미가 원액에 깊게 스며들 수 있도록 고유의 방식을 만들어냈다. 그런 스토리마저 매력적으로 다가왔다. 3년산 위스키로 세계적인 테이스팅 대회에서 1위를 차지했다는 이야기를 들었을 땐, 괜히 카발란이 아니구나 싶은 확신이 들었다.

한동안은 우연히 들어간 국내 바에서 'KAVALAN'이라는 글자가 보이면 그것부터 주문했다. 당시만 해도 한국에서는 카발란이 지금처럼 대중적이지 않았기에, 그 발견 자체가 소소한 행운처럼 느껴졌다.

그렇게 관심을 갖게 된 카발란은 이제 대만 여행에서 하나의 목적지가 되었다. 얼마 전에는 이란에 있는 카발란 증류소에 방문했다. 두 번이나 찾았던 그곳에서는 발효부터 증류, 캐스크 숙성까지 위스키가 만들어지는 과정을 자세히 배울 수 있었다. 처음으로 위스키라는 술을 체계적으로 이해하게 된 경험이었다.

증류소에서 들른 기념품 숍에는 다양한 카발란 제품이 진열돼 있었다. 내가 찾는 건 타이베이 시내에서도 어렵지 않게 구할 수 있어 굳이 살 마음은 들지 않았다. 대신 옆 가판대에서 팔고 있던

5부 혀끝으로 남긴 여행

위스키 맛 아이스크림이 눈길을 끌었다. 진한 카발란 향이 은은히 퍼지는 달콤하고 중독적인 맛이었다.

타이베이에서는 카발란을 전문으로 다루는 위스키 바에도 들렀다. 벅스킨(Buckskin) 맥주바가 있는 건물 2층, 벽에 붙은 대만 지도 모양 버튼을 누르면 문이 열리는 비밀스러운 공간이다. 일부 위스키는 캐스크에서 바로 따라주는데, 직원이 사진이나 영상을 찍을 수 있도록 먼저 안내해준다. 덕분에 카발란 덕후로서 기억에 남을 특별한 한 장면을 남길 수 있었다.

혼자 술을 즐기는 편은 아니지만, 대만에 갈 때마다 카발란 미니어처 한 병쯤은 챙겨온다. 물론 아무 날에나 꺼내 마시지는 않는다. 아주 기분 좋은 날, 소중히 모셔둔 미니어처를 꺼내 탄산수를 붓는다. 그 짧은 의식이 묘하게 짜릿해서 더더욱 기다리는 맛이 있다.

이토록 다정한 대만이라니

음식으로 즐기는 고량주

진먼은 대만을 대표하는 진먼 고량주의 산지다. 하지만 증류주에 유독 약한 체질이라, 이 먼 섬까지 와 놓고도 정작 고량주 한 모금조차 마시지 못했다. 그렇다고 해서 진먼의 매력을 놓쳤다고 생각하진 않는다. 술을 마시지 않아도 이 섬의 진가는 충분히 느낄 수 있기 때문이다. 이곳에는 바로 '먹는 고량주'가 있다.

가장 먼저 맛본 건 고량 소시지(高粱香腸)였다. 진먼산 돼지고기에 고량주로 풍미를 더한 이 소시지는 특유의 향긋함과 감칠맛, 부드러운 식감이 어우러져 한입 베어 무는 순간 역시 대만산 소시지라는 감탄이 절로 나온다. 고량주의 향이 부담스럽지 않아 누구나 편하게 즐길 수 있다.

그다음으로 인상 깊었던 건 고량주 아이스크림 에그롤(高粱酒冰淇淋蛋捲)이었다. 별 기대 없이 베어 물었는데, 의외의 향긋함에 놀랐다. 바삭한 에그롤 속 아이스크림이 입안에서 시원하게 녹아들며, 고량주의 향이 은은하게 퍼졌다. 잠깐 취한 듯한 기분도 들었지만, 아마도 기분 탓이었을 것이다.

진먼 고량주로 가공한 원두로 내린 고량 커피(高粱咖啡)도 추천할

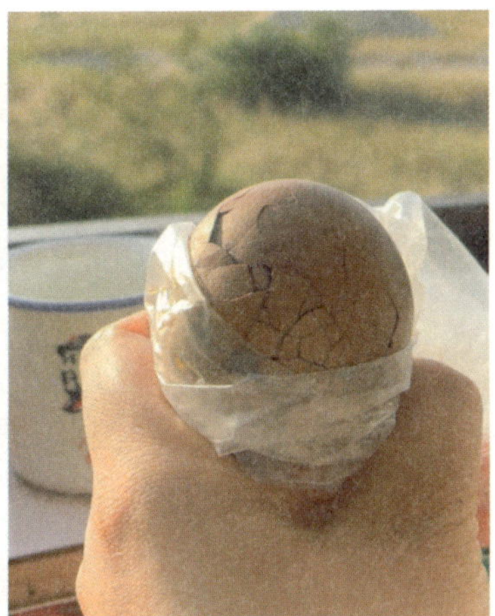

만하다. 얼핏 보기엔 어울리지 않을 조합이지만, 첫 모금에 생각이 바뀐다. 진한 커피 향 사이로 스며드는 고량주의 향이 의외로 조화롭고, 묘한 중독성을 남긴다. 매장에서는 원두나 드립백을 기념품으로 구매할 수도 있다.

진먼식 간장게장인 고량 창시에(高粱嗆蟹)도 빼놓을 수 없다. 한국인에게는 비교적 익숙한 맛이지만, 보다 진한 생강과 마늘 향이 더해져 또 다른 감칠맛을 만들어낸다. 흰쌀밥까지 함께 팔았더라면 완벽했을 텐데, 그게 조금 아쉬웠다.

마지막으로 소개하고 싶은 건 고량 차예단(高粱茶葉蛋)이다. 차예단은 대만 편의점에서도 쉽게 만날 수 있는 국민 간식이다. 삶은 달걀을 향신료와 간장 등을 더한 찻물에 넣어 조린 음식이다. 진먼에서 맛본 차예단에는 특별히 고량주가 더해져, 익숙한 향 사이로 은은한 알코올 향이 감돌았다. 평소에는 그리 즐기지 않는 음식이지만, 이건 제법 손이 갔다.

진먼은 고량주의 섬이지만, 반드시 술을 마셔야만 매력을 느낄 수 있는 곳은 아니다. 다양한 음식 속에 스며든 고량주의 풍미는 누구에게나 색다른 경험과 즐거움을 선사한다.

이토록 다정한 대만이라니

대만민국국인은 될 수 없지만

　없는 시간이라도 쥐어짜서 갈 만큼 좋았지만, 편하게 불러낼 친구 한 명 없었다. 가볍게 들를 만한 곳도 마땅치 않았다. 아무리 좋아한다 한들, 잠깐 머물다 떠나는 이방인일 뿐이었다. 하지만 지난 10년간 대만을 여러 번 오가며 많은 변화가 생겼다. 이제 대만을 떠올리면 줄줄이 이어지는 기억이 있다.

　야경 하면 단연 붐비는 인파 사이로 힘겹게 오르던 타이베이 상산이었다. 이제는 고요하면서도 찬란했던 타이중 사루구가 먼저 떠오른다. 대중교통으로는 야경다운 야경을 보기 여간 힘든 동네다. 현지인 친구가 운전하는 오토바이 뒤에 몸을 싣고 따라갔다. 별다른 랜드마크는 없었지만, 건물과 건물 사이로 길게 이어진 빛줄기가 주는 여운이 좋았다. 보고 싶을 때까지 보고 가자는 친구의 말에 정말이지 한참을 가만히 서 있다 내려왔다.

여태껏 우라이만큼 멋진 경관의 온천 마을은 가보지 못했다. 그럼에도 문득 떠오르는 건 가볍게 다녀온 구관 온천이다. 인당 200원을 내면 입장할 수 있는 조그마한 노천탕이었다. 에메랄드빛 강물도, 웅장한 절경도 없었지만, 친구들과 나눴던 웃음소리 덕에 오래도록 기억에 남는다.

몇 시간을 홀로 앉아 노트북을 하던 카페, 소파에 기대 넷플릭스를 볼 만큼 편안했던 편의점, 외국인이라고 더 신경 써주던 단골 과일가게까지. 블로그나 구글맵을 통해 찾아간 핫플레이스가 아닌, 뇌비게이션으로 이어진 나만의 작은 세계였다. 단기 여행자에게 추천하긴 애매하지만, 언제든지 다시 가고 싶은 지극히 개인적인 장소들이다.

그리고 이곳저곳 아는 사람들이 많아졌다. LINE 한 통이면 언제든 커피를 마시고, 여행을 가고, 고민을 공유할 수 있는 친구들 말이다. 타이베이와 타이중에서 제일 먼저 떠오르는 얼굴들이 있다. 학교나 회사로만 한정되었던 인간관계가 대만을 통해 보다 다채로워졌다.

게스트하우스에서 만난 무리에게 수많은 모임에 초대받았다. 현지인이 아니라면 알기 힘든 쑤시라는 액티비티를 경험했다. 몇 년째 관심사가 겹쳐 간간한 소통을 이어오던 팔로워와는 서슴없이 대화가 오갈 만큼 친해졌다. 꿈에 그리던 101타워 불꽃놀이를 함께 보며 연말을 보냈다. 일회성 언어 교환 모임에서 유일하게 만남을 이어가던 동생이 있다. 대만 생각날 때 보라며 산 책과 과자 꾸러미를 건네주며 내가 떠나는 것을 같이 아쉬워했다.

가끔 친구들에게 대만민국인이 되고 싶다는 농담 반 진담 반 소리를 내뱉는다. 아쉽게도 우리나라는 기본적으로 후천적 이중 국적이 허용되지 않는다. 서류상으로는 바뀐 것 하나 없는 대한민국 국민이지만, 언제든 일상처럼 오가며 반겨줄 사람들이 있는 내 세상이 하나 더 생겼다.

이토록 다정한
대만이라니

초판1쇄 2025년 10월 22일 **초판2쇄** 2025년 11월 11일 **지은이** 이수지(리슈) **사진** 이수지(리슈) **펴낸이** 한효정 **기획** 박화목 **디자인** d.purple **일러스트** Freepik **마케팅** 안수경 **펴낸곳** 도서출판 푸른향기 **출판등록** 2004년 9월 16일 제 320-2004-54호 **주소** 서울 영등포구 선유로 43가길 24 104-1002 (07210) **이메일** prunbook@naver.com **전화번호** 02-2671-5663 **팩스** 02-2671-5662 **홈페이지** prunbook.com | facebook.com/prunbook | instagram.com/prunbook

ISBN 978-89-6782-251-4 03910
ⓒ 이수지(리슈), 2025, Printed in Korea

*책값은 뒤표지에 있습니다.

*파본은 구입하신 서점에서 교환해드립니다.